张颂文集

播音创作基础

/ 第四版 /

张颂 著

中国传媒大学出版社
·北京·

向张颂老师学习(代序)

我是1986年来北京广播学院(现中国传媒大学)上学的。当时从南方一个小山村跌跌撞撞走来,一开口全是家乡话,普通话说不利索,也不善表达。我偶然看到一本《朗读学》,一翻就上瘾了,把它读了三遍。当时正是求知若渴的年龄,这本书给了我语言表达方面很好的启蒙教育,对我未来的成长起到了很大的帮助作用,我对这本书充满感情。至今我还清晰地记得,这本书是1983年出版的,书的作者,正是我敬仰的张颂老师。我毕业后留校工作,对张颂老师有了进一步了解,了解愈深,敬仰愈隆,早已萌生写写张颂老师的想法。不久前,中国传媒大学出版社为纪念张颂老师逝世十周年,准备修订出版"张颂文集",约我写几句。借此机会,我把欲吐之词尽书之,表敬仰之情,寄缅怀之意。

张颂老师是追求理想、不忘初心的楷模。

张颂老师非常热爱党。习近平总书记说:"一个人也好,一个政党也好,最难得的就是历经沧桑而初心不改、饱经风霜而本色依旧。"张颂老师就是这样一个人。他从小对党充满感情,在北京师范大学读书时就写了入党申请书。之后,无论人生如何跌宕起伏,他信仰不移,信念不改。因历史原因,张颂老师在1984年才得以入党。但是在思想上,他从填写入党申请书之日起,就一直以一个共产党员的标准严格要求自己。他认为,新闻媒体是党的喉舌,而从事播音工作更是直接用喉舌为党服务。尤其是培养广播电视语言传播人才,培养播音员、主持人,更使他感到责任重大,任务艰巨。所以他时时告诫自己,必须政治高标准,业务严要求,才能不辜负党,不辜负播音主持专业教师这一份工作,不辜负"人民教师"这一光荣称号。

张颂老师是献身学术、开拓创新的楷模。

张颂老师非常热爱学术研究工作。他于1963年8月从中央人民广播电台调入我校新闻系播音专业任教,从此开启学术生涯。没有专业教材,参照资料也少,他便长期坚持自编教材。播音学教材《播音基础》的初稿写出来后,他向人征求意见。有人说他把播音写玄了,播音有学吗?他因此陷入苦恼。但他并未止步。播音学与朗读学相交相融,他便从朗读学方面着力,很快,中国第一本《朗读学》横空出世。接下来,张颂老师又琢磨起播音学来了。张颂老师有一股不服输的精神,他执着于学术理想,认为耳得之声、目遇之色皆有学问,播音里面一定是有学问的,他要一点一点把它全部给挖出来!试上高峰窥皓月,偶开天眼觑红尘。张颂老师带领他的同事们悟中华有声之道,得往圣不传之学,终于打破了"播音无学"的说法;他反复修改、完善,推出了播音基础理论研究的奠基之作《播音基础》(后改为《播音创作基础》)等;他主编的《中国播音学》标志着世界范围内绝无仅有的播音学理论体系的建立;他撰写的《播音语言通论》《播音主持艺术论》《语言和谐艺术论》等是对播音学理论体系的充实、深化和拓展;他撰写的《朗读学》《朗读美学》等开创了有声语言艺术精品的创作范式。时至今日,连传媒业非常发达的西方国家也不曾有这样的学科和这样成建制地培养学士、硕士、博士的教育体系,他的理论成果在播音主持艺术界乃至世界有声语言传播界都具有不可替代的重要指导作用!

张颂老师是立德树人、教书育人的楷模。

张颂老师非常热爱教学工作。他以赤诚之心、奉献之心、仁爱之心投身教育事业。他曾说:"接受师范教育,从事教学工作,是我自觉的选择,无怨无悔,乐在其中。"张颂老师认为教师应该先律诸己,"种树者必培其根,种德者必养其心";张颂老师认为教师应该力求进取,有所作为,实现"教学相长、继往开来"的理念,身先士卒,率先垂范;张颂老师认为教师是"红烛",应该"春蚕到死丝不断,蜡炬成灰热犹存"。张颂老师一直坚守"德才兼备,声形俱佳""以播为主,一专多能"和"有稿播音锦上添花,无稿播音出口成章"的专业人才培养理念,一直坚持理论与实践相结合、大课与小课相结合、课堂讲授与大运动量训练相结合的专业人才培养方法。其中,他特别强调语言功力,即观察力、理解力、思辨力、感受力、表现力、鉴赏力、调检力、回馈力。他一直强调:"教师不但要有教学能力、科研能力,还要有示范能力。"他认为,本科是高校的基础和重心,教师必须使学生在本科阶段扩大视野、夯实根基、扬长补短,培养事业心和责任感,养成如饥似渴的学习习惯,提高在话筒前、镜头前"体现时代精神,充满人文关怀"的自觉性。张颂老师亲自带领学生坚持晨练(练声),因此斗牛之下,白杨树旁,中传学子诵明月之诗,歌窈窕之章!张颂老师爱才惜才,只要发现好苗子,便不放过。很多学生在张颂老师鼓励下考上我校,后来成为我国优秀播音员、主持人。《荀子·劝学》有云:"学莫便乎近其人……学之经莫速乎好其人。"张颂老师,学生所好也。张颂老师家里,常常挤满了前来求教、"打牙祭"的学生。在学生心中,张颂老师是严师,更是慈父。而在张颂老师心中,学生是他最大的财富和骄傲。他一直有一个理想,就是希望"播音员、主持人的创造性,能够催生有声语言表达的典范,传承'书同文',成就'语同音',让中华文化响彻寰宇,光耀千秋"。

张颂老师是夫妻恩爱、家风清正的楷模。

积善之家,必有余庆。成就张颂老师的,是时代,更是家庭。他和夫人赵培根老师几十年来相濡以沫,相敬如宾。两人虽是经人介绍相识,老家却在河北易县同一个地方,可以说青梅竹马。燕赵大地的淳朴民风,思想观念的高度契合,成全了这一桩金玉良缘。张颂老师把全部心力用在教学科研上,赵老师独自揽下全部家务,全力支持。工作后,张颂老师一家四口住在厂桥附近12平方米的又破又小的房子里,床边放一把凳子,就是他从事学术研究的桌台,《朗读学》《播音基础》等书,就是在这样的环境下完成的。在厂桥居住的20多年,天热时,张颂老师趴在斗室奋笔疾书,赵老师就在身后摇扇。后来条件改善了,搬进了楼房。张颂老师有腿疾,上楼梯时赵老师跟在身后,下楼梯时赵老师走在身前,以防他摔倒。张颂老师几十年来一直资助贫困学生,先后受资助的学生不下十位。自己的日子也不宽裕,但赵老师从无怨言……他们夫妻和睦,勤俭持家,恩爱偕老。张颂老师品行高致,学问高深,德高望重,为我国广播电视事业做出了不可估量的重大贡献,赢得了人们的普遍尊敬和爱戴。他多次被评为全国优秀新闻工作者,获得国家级"有突出贡献专家"称号并享受国务院特殊津贴,还是第二届国家级教学名师。而他的每一份荣耀,都有夫人赵培根老师的默默奉献与无悔付出!

……

现在全国上下正在弘扬"三牛"精神,张颂老师就是播音学领域的孺子牛、拓荒牛、老黄牛。张颂老师曾把"语同音"作为自己毕生追求的理想。在媒体融合、万物互联的现时代,"语同音"显得多么重要。张颂老师的真知灼见、远见卓识,令人十分钦佩!

大学之大,大在大师,张颂老师就是播音学领域的世界级大师。中国传媒大学已经绘就"十四五"规划蓝图,正迎来高质量发展关键时期。这需要广大中传人踔厉奋发,笃行不怠,对接国家战略,贡献中传智慧,向着建设世界一流传媒院校的目标而不懈努力。念兹在兹,我们需要一大批像张颂老师这样的大师,我们无比怀念他。

向张颂老师学习!

〔廖祥忠,中国传媒大学党委书记、校长,教育部新文科建设工作组副组长,教育部高等学校动画、数字媒体专业教学指导委员会主任委员〕

目 录

第三版前言／1
再版前言／1
前言／1
序／1

第一章　播音创作／1
　　第一节　播音主持／3
　　第二节　创作要素／4
　　第三节　创作空间／6
　　第四节　社会功能／8

第二章　创作主体／11
　　第一节　主体定位／13
　　第二节　话语权力／14
　　第三节　主体能力／14
　　第四节　主体差异／16

第三章　创作道路／19
　　第一节　创作道路／21
　　第二节　正确道路／22

第四章　语言特点 / 27

第一节　规范性 / 29

第二节　庄重性 / 31

第三节　鼓动性 / 32

第四节　时代感 / 33

第五节　分寸感 / 33

第六节　亲切感 / 34

第五章　创作准备 / 37

第一节　广义备稿 / 40

第二节　狭义备稿 / 43

第三节　备稿六步 / 44

第六章　具体感受 / 63

第一节　形象感受 / 66

第二节　逻辑感受 / 68

第三节　具体感受与整体感受 / 70

第七章　感情运动 / 73

第一节　感受、态度、感情 / 76

第二节　情景再现 / 78

第三节　内在语 / 82

第四节　对象感 / 85

第五节　情景再现、内在语、对象感三者的关系 / 89

第八章　表达方法 / 93

第一节　停连 / 97

第二节　重音 / 107

第三节　语气 / 114

第四节　节奏 / 121

第五节　停连、重音、语气、节奏四者的关系 / 125

第九章　　播音状态 / 129
　　　　　第一节　状态自如 / 131
　　　　　第二节　排除干扰 / 136

第十章　　表达规律 / 141
　　　　　第一节　思维反应律 / 144
　　　　　第二节　词语感受律 / 147
　　　　　第三节　对比推进律 / 148
　　　　　第四节　情声和谐律 / 150
　　　　　第五节　呼吸自如律 / 151
　　　　　第六节　自我调检律 / 153

第十一章　话语样式 / 157
　　　　　第一节　话语样式 / 159
　　　　　第二节　话语体式 / 163
　　　　　第三节　样态转换 / 165

第十二章　语言功力 / 169
　　　　　第一节　口耳之学 / 171
　　　　　第二节　功底能力 / 172
　　　　　第三节　勤学苦练 / 175

结束语 / 181

修订补言 / 183

第三版前言

《播音创作基础》一书，从1985年10月以《播音基础》为名正式出版以来，已经26年了。广播电视事业发展迅速，播音理论研究逐步提升，播音主持队伍日益壮大，播音主持教学不断创新。许多新情况、新问题、新课题、新思路层出不穷，人们的认识也在深化。这些，都为本书的重印、再版和修订提供了宽阔而坚实的论据和可贵的借鉴。

《播音创作基础》应该是《中国播音学》的核心理论，应该是播音主持教学的核心教材。她的理论架构和教材体系，同《播音发声学》《播音主持业务》的作用一样，是本学科不可或缺的专业支柱。播音史、播音业务及所有创作系统，都植根于这个基础。它不能包括那些专业门类的理论和专业门类的实务，并解决各类节目的具体创作问题，却是它们不可或缺、不可脱离的基本理论和基本技能。

《播音创作基础》是专业主干课程，作为北京市级、国家级精品课程，不能不力求更加务实、力求更加完善；而作为教材，又亟待不断充实、丰富、提高、创新。这次修订，就是基于这样的愿望。

《播音创作基础》属于原创性教材。她吸收了前人的经验和零散的论述，融合了大家的智慧，参照了域外的资料，汲取了相关学科的前沿成果，建构了合目的、合规律的独特理论体系，彰显了中国国家通用语言特色和中华民族文化精神。其中，既有各民族有声语言的共性，又有汉民族共同语的个性；既有广播电视语言传播的特征，又有社会普遍使用语言的精髓。它的涵盖性、包容性、主体性、审美性集中体现在"有声语言创作"这个核心概念里；它的独立性、实用性、普适性、恒久性凸显在"把内部语言外化为有声语言，把文字语言转化为有声语言"这种驾驭有声语言的能力里。实质上，这种能力是要实现语言主体的话语权的高效、高质、高雅、高深，达到大众传播和人际交流的"信息共享、认知共识、愉悦共鸣"。美国、日本、德国等也有相近的阐述和论著，其中"殊途同归"的部分使我们感到十分亲切。结构各异，功能大同；文化多元，意象相通。莫道"西出阳关无故人"，只说"天下谁人不识君"。正如王蒙在"文津讲坛"上以《语言的功能与陷阱》为题的讲座中概括的："语言具有九大功能：一、表达与交流功能。二、历史记忆功能。三、承载文化功能。四、发展、构建与伸延功能。语言出现后会生长、延伸、自我检验与调整。五、审美功能。语言在音乐艺术和文学艺术的审美活动中起到一种解说和表达的作用。六、政治功能。语言可以起到激发动员、折中与妥协、遁解等作用。七、心理调节功能。说话、思考、写作等语言活动能纾解、抚慰人的紧张心理。八、哲学与神学功能。语言表达可以达到人的感觉达不到的程度，对人的理念、信仰的形成有很大作用。九、游戏功能。"这个解释相当精辟，值得我们这些从事有声语言创作的人学习、研究，更值得我们深入体味、广泛宣传！在这个问题上进行启蒙，的确是当前十分繁重而艰巨的任务。那些轻视语言功能的人，需要从最低的逻辑起点上，进行最基础的"认知"启蒙、"表达"启蒙！

实践呼唤着学术的百花齐放，理论需要不同路径的探索。我们只是根据自己的经验和视野梳理出了这一体系。其中必然存在着疏漏和错讹，希望得到指正；肯定还有另外的体系，可能正在酝酿，可能即将问世，我们期待着。

此次修订，不但补充了新的内容，而且增加了新的材料。那不过仍然是当下的一些思考所得，还带着时代的局限和才能的制约。以后，还会进行修订，那时，又会有更新的东西。

为了保持原创的基本面貌，原有的观点和论述没有大的改变。只是在体例上做了重点调整，主要是在"有稿播音锦上添花，无稿播音出口成章"的合一与糅杂、同构与转换上，进行了基本理论、基本技能的梳理和阐述。我想，这是实践上不争的事实，也是理论上探求的路径。无论是科研还是教学，其中合目的、合规律的轨迹都是可以揭示、可以理解的。至于课程的安排，不一定完全依照本书的体例，应该根据实际情况，特别是教师和课时的具体要求进行设计，以便于更好地完成教学计划，更好地提高教学质量。

教学质量的提高,更是高等院校的共同任务。播音主持艺术专业应该进行精英教育,要选拔、培养创新型高级人才。关键是师资的德才兼备、恪尽职守。其中,"课时效率"极为重要。循序渐进,争分夺秒,强化理论和深化实践,都必须从抓紧每一个课时做起。讲一课,毫无冗赘,就有一课的收益,练一次,积铢累寸,就有一次的成果。"浪费别人的时间,无异于谋财害命",对于学生,尤其如此,教师要"传道、授业、解惑",学生要"质疑、思辨、追问",形成良性循环。而教与学的根基,就在于本学科的基本理论。搞纯学术是不对的,轻视理论也会陷入迷茫,不知所终。越是年轻的学科,越要刨根问底,越要探索新情况、新问题,这才能促进学科的发展。

作为基础理论和基本技能,本书只是解决学科的规律性、原则性问题。至于相关的、更高层次的、更带有前沿性的问题,不在本书的范围之内,需要撰写另类专著。但是,可以预期,这些内容必当成为本学科的有力支撑,使得学科本体更加充实、完善。

期待着教学和科研的双丰收!

中国传媒大学　张颂

2011 年 1 月 23 日

再版前言

《播音创作基础》是1990年出版的,至今已经13年了。如果从1985年出版的《播音基础》算起,就是18年了。从跨世纪的全球视野里我们看到,我国的广播电视事业突飞猛进,改革进程也很快,取得的成果日益明显。在这种情况下,播音事业不断呈现多样化的格局,播音创作的空间越来越广阔。《中国播音学》的问世,标志着播音主持理论走向成熟的新阶段。

那么,《播音创作基础》是不是过时了呢?回答当然是否定的。我国的人民广播电视,是一个年轻的事业,尽管她在社会生活中发挥了重要作用,还有很多规律性的问题需要探讨,特别是播音,应该把话筒前、镜头前有声语言的创作作为核心来研究。那些凝聚着前辈先贤心血的、经过实践检验的、仍然保存现实意义的思路和论说,我们不能忘却,我们还要继承下来。因此,《播音创作基础》的当代性、启示性,对于初学者和研究者自有其理论价值、学术价值。

《播音创作基础》同《播音发声学》《播音业务理论》,构成了中国播音学的基本骨架。多年来,各类研究都是在此基础上生发开来、开拓出来的。《播音创作基础》所提出的学术理念、理论概念、语言特点、创作道路、创作方法、创作规律,虽然是以"有稿播音"为逻辑起点的,但很明显,其中包含着"无稿播音"的基本路径和基本要求。如果把播音仅仅理解为"照本宣科",如果认定为"念别人的稿子没出息",那么,最好翻阅一下这本书,权且当作茶余饭后的消遣,看一看是否有点发现。

任何创新,都不能逃离继承。不了解前面的论说,就不会进行前沿性、超越性研究,也就不会发现前人立论的正误。播音,要进行有声语言创作,要驾驭具体节目进程,不但需要学理的支撑,还必须有实用的体验和了悟。实践,正是播音的不可或缺的根基。人们上学读课文、发言读讲稿,都要有文字依据,而播音的创作依据就复杂多了,难度也大多了。如何从文字语言中体味大千世界,如何把文字语言转化为有声语言,如何通过广播电视向广大受众传播,使他们"愿意接受"?没有亲身感受,没有深刻体会,往往显得空泛和浅表。有些同志,一直坚持"播音无学"的观点;有些同志,总想加以"解构",取消其学科独立性,并用其他学科的学术话语解释播音创作;还有的同志一再强调"个性",忽视了"喉舌"的主功能,忽视了新闻属性及其"党性"的核心作用。我们主张学术上的自由探讨和争鸣,但是,为了提高播音主持的水平,为了加强语言功力,我们不能放弃播音创作理论的研究,不能削弱对大众传播特点的认知力度。这样,才可能会有合规律性、合目的性的创新成果。

理论必须发展,停滞意味着倒退。不过,那些基础性的论说和阐释,总不能变幻不居。当实践再次召唤的时候,有志者一定不负时代的重托,理论的发展和学术的飞跃,就指日可待了。

希望《播音创作基础》的再版,给我们的播音创作实践带来某些新的思考。

作者于北京广播学院

2003 年 9 月 21 日

前　言

播音创作基础是播音系专科和本科必修的专业课程之一,是播音系研究生攻读的专业方向之一。播音创作基础,应该是中国播音学的重要组成部分。

随着广播事业的发展,播音创作基础经过实践——认识——再实践——再认识的多次反复,应该说已经初具规模了。

我们的理论融汇着多少播音前辈的心血,凝聚着多少开拓者的精力,已是众所周知的了。我们应该为此而自豪。

这一份讲义尽管力求达到理论和实践的统一,但总觉力不从心。理论功力不足、实践经验欠缺,往往会或多或少地造成理论和实践的分离。我们常常为此而不安。

正因为如此,我们一贯认为,必须更广泛、更深入地继续研究、探讨理论,而没有任何理由故步自封,停滞不前。因此,在学习这门课程的时候,同学们不要囿于现有表述,不要厌于它的抽象论证。只有同实践结合起来,在实践中验证、在实践中考察,理论的作用才能发挥出来,理论的缺陷也才能暴露出来。作为初学者,每位同学都有责任、也有能力,在不畏劳苦的攀登中,为它的科学性、系统性做出自己的贡献。

播音的实践是一种综合性很强的创造性劳动,因此,在理论上是需要涉及许多问题的。这许多问题,不可能一股脑儿都同时阐述出来,只能一步步、一层层地分开来说明。但是,这很容易造成一种印象,似乎在播音实践中也是这样一步步、一层层地进行的。这个困难是不好解决的,除了在理论体系的科学性上努力加强各部分的内在联系之外,就只有在个别课上抓紧实践中的综合运用了。

在教学中,随着播音创作基础课的讲解,通过老师的具体辅导,同学们会逐步加深理解的。如果以为只看这本教材就能立即运用,那是不切实际的。因此,在学习过程中,同学们一刻也不能忽视播音实践,一刻也不能忽视在实践中得到的经验,这样,才可能日积月累地消化理论,并用自己领会到的理论指导自己的实践。

在理论与实践的结合中,我们的播音理论会日臻完美,中国播音学的诞生已经为期不远了!

序

播音创作基础是播音语言表达的基础理论,它区别于播音发声理论和播音文体理论。它不包括播音心理学和播音美学。它只研究从备稿到播出这个过程中基础性的理论问题。这个理论的实现,必然伴随着严格的训练,而这训练的过程,属于播音教学法的范围,又需另行专门研究了。

播音创作基础,把播音作为一个过程来研究,探寻播音的某些特点和规律,是有重要的认识价值的。尽管播音作为一个过程有其历史性的变异,有其区域性的差别,但,总有不少共性问题。这共性,是每一位播音员、每一次播音创作活动的抽象,体现着共同的创作规律。这共性,又和其他语言艺术不同,是播音创作的个性。因此,播音创作基础以自己质的规定性开辟着崭新的认识领域。

作为语言艺术的一个门类,像其他语言艺术的基础理论一样,都存在着语言艺术的共性,这共性必然寓于各自的个性之中。但是,长期以来,播音创作基础汲取了过多的其他语言艺术的规律,鲜有自己的特色。作为新兴的学科,无可厚非,今后也还要多方面汲取营养。但是,不能长期处于这个状况,应该更深地开掘自身的规律,更快地形成自身的体系。

播音创作基础应该有符合自身规律的概念、表述,尽可能划清与其他语言艺术近似而又容易混同的那些概念和表述的界限。至少,我们不应满足于"外来语"。如果这也叫标新立异,那不只是概念、表述的变化,恰恰是为了深入事物内里,标规律之新，立体系之异。在新兴学科的建立上，是要拿出点第一个吃螃蟹的人的勇气来的。

标新立异，当然不意味着已经发现了"终极真理"，而是希冀着甚至是否定之否定的发展。我们在播音创作基础的阐述中，大胆地使用了一些新的概念、新的表述。我们希望更准确的概念和表述出现，同时，也不排斥使用"外来语"，即便"长期共存"，也没有什么不好。

对于体系的构成、规律的概括，我们也没有、向来没有"只此一家，别无分店"的想法。我们一直认为，"百家争鸣"是学术研究、理论精进的条件。我们一直热切地期待着更多的理论体系问世和更多的真知灼见发表。

长期以来，我们常常以"播音三要素"或"四要素"来指导播音实践，也的确发挥了不可忽视的作用。但是，作为播音理论的体系，只停留在这些要素上，就显得极不完善、极不精确了。岂止播音，话剧、电影、评书、相声，也需要这些要素。那么，播音的特点何在呢？如果因为这些要素如此简单地显示了语言逻辑，就认定它不可发展，不必生发，哪一天才能形成播音理论的个性体系呢？我们看到了这些要素的抽象意义，正由于它抽象到了简单的程度，造成了它覆盖面之空泛，界说之模糊，我们才产生了个性化的要求。

其实，洪深先生在1943年写的《戏的念词与诗的朗诵》里就提出了"话的四种作用"。他说："说话——广义的，不论为临时触发，随口说出；或为念诵已经写成的各体文字或诗词——必须同时顾到它的四种作用。"这四种作用是："说明事物""表示情感""建立关系""进行企图"。这比"三要素"或"四要素"明确得多了，即使如此，我们还是不满足，因为，还是没有解决播音理论个性化的问题。

现在，我们尽量从播音创作的个性出发，建立我们创作基础理论的体系。它当然包含着"三要素""四要素"，或者"话的四种作用"的共性，但那构成，已经明显地区别于简单的抽象了。

第一章

播音创作

第一节 播音主持
第二节 创作要素
第三节 创作空间
第四节 社会功能

播音是基础,由此可以生发出各种形态,主持即其中之一。

播音创作的要素:创作目的、艰苦劳动、改变形态、完整作品。

播音创作的三重空间:生存空间、规范空间、审美空间。

播音创作的社会功能:信息共享、认知共识、愉悦共鸣。

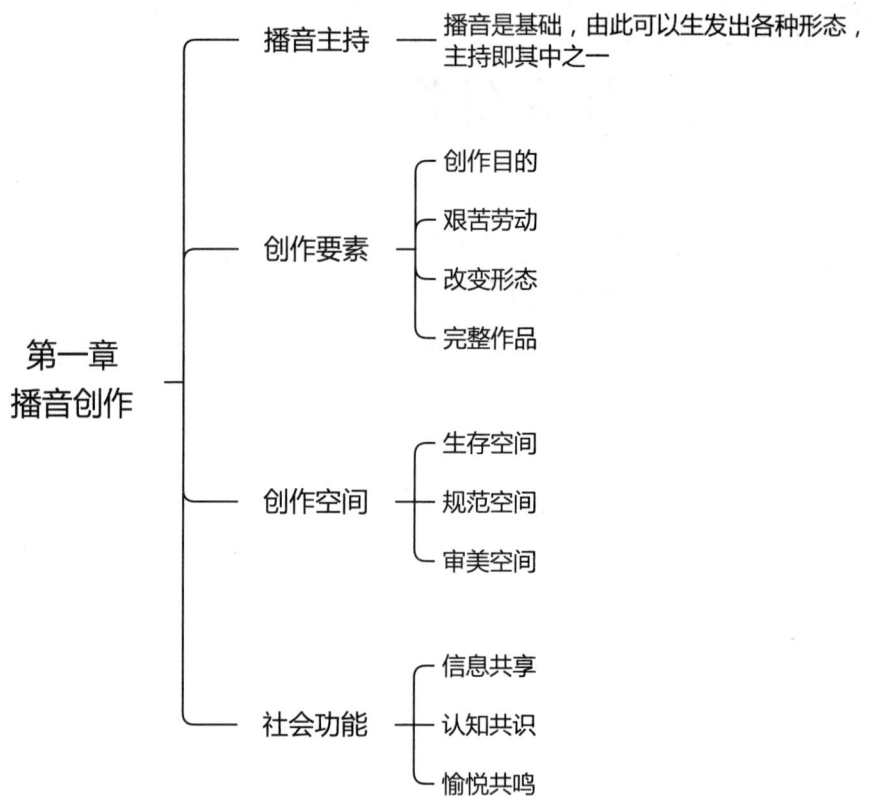

第一节　播音主持

播音，是广播电视传播中话筒前、镜头前进行的有声语言(包括副语言)创作。

播音，是以有声语言(包括副语言)为主干或主线，驾驭节目行进的创作过程。

播音，是"党、政府和人民的喉舌"，是维护国家利益、弘扬民族精神、传承民族文化、捍卫文化安全、体现时代精神、充满人文关怀的新闻工作。

播音，以新闻性为根本属性，以艺术性为核心属性。

播音，存在"新闻播音(主播)""体育解说(评论)""专题访谈""综艺主持""广告播音""配音解说"等基本节自形态。简言之，可以分为"广播播音主持"和"电视播音主持"两大类。

播音与主持，是一个时期以来人们所做的划分，由传统的称谓"播音"，发展为当下流行的"播音"和"主持"。犹如"广播"，曾经是"声音广播"和"图像广播"的统称，后来，分别叫作"广播"和"电视"。事实上，以"严肃认真的宣读稿件"为代表的有声语言形态，和以"随意进行的日常谈话"为代表的有声语言形态，是人类话语形态的"两极"，二者之间并没有不可逾越的鸿沟，反而呈现着无数个"中间形态"，很难判断出各个形态的边界。播音是个大概念，播音是基础，由此可以生发出各种形态，主持即其中之一。二者若有某些区别，也可以这样表述：播音是"转述旁白"，主持是"率真表白"。这里，并非文化身份和艺术个性的差异，而是创作路径的笼统观照：播音大体上力图突出新闻价值的实证性，如联播类新闻节目；主持大体上力求显化主体认知的具象性，如综艺类娱乐节目。因此可以说：播音是共性基础上的个性表达，主持是个性言说下的共性诉求。然而，那整体的共性如此浑然一体，都趋向大众传播公众话语的集体表达；集体的智慧和群体的支撑，怎能助长"个人领地"的"自我张扬"？那交叉重叠之处和融会贯通之时，又怎能屈从"刀切斧断"的"画地为牢"？

关键是为什么把二者对立起来，似乎水火不相容？从实践上看，大多数都是重叠融通；从理论上看，也缺少科学论证依据；从历史发展上看，已经趋于基本一致；从主体能力上看，正在日益全面提升；特别是从方法论上看，我们不愿看到的情景是：僵化思维和二元对立都愈演愈烈,不能不走向虚幻和失语。坚持僵化思维和二元对立,就会不可避免地把广播电视节目人为地分割为极端的两类,从而失去它们的千姿百态、色彩缤纷。我们认为,应该在长期实践和全息理论的强力观照下,坚持辩证唯物主义,竭尽可能地获得有利于可持续发展的宽阔路径,拓展各种节目形态日益多样,促使有声语言表达不断丰富。囿于播音和主持的分野、固守播音和主持的对峙,只能造成分道扬镳、各自为政的格局,那无疑是"窄化专业""矮化人才"!

深化播音主持艺术的人文底蕴,强化播音主持艺术的美学浸润,打开有声语言创作的广阔天地,展现有声语言典范的历史画卷,是我们义不容辞的社会责任。

第二节　创作要素

人类区别于一般动物的重要特征,就是人类善于创造。

人类的社会活动中,充满了创造性,其中既有制作,又有创作。而创作的要素,构成了各种创作的必要条件。

有声语言创作,必须完全符合创作要素的要求。否则,就不能进入"创作圈",称不上创作。

所谓创作要素,大体上可以归结为四个。

第一个要素:创作目的

人类的社会行为,一定有明确的目的,有一个心目中的蓝图。譬如盖房子,总有那房子的样式、规格,包括门窗等的位置。不过这蓝图不一定特别清晰,像照片一样,大体上绘制一张平面图就可以了。

播音创作的目的,总的可以概括为"德、智、体、美",根据具体内容,还可以细分为单个的目的,或者两三个目的分主次搭配起来。如"德",可以是社会公德、职业道德、家庭美德,也可以是个人品德。有时是社会公德为主,也和家庭美德、个人品德有关;有时是职业道德为主,也和智慧、美感有关。同时,既可赞颂,也可批判。明确了目的,心中有数了,才可能在目的的统率下,继续完成下面的环节,而不致迷失方向,偏离主旨。

第二个要素：艰苦劳动

为了实现目的，必须付出艰苦的劳动。坐享其成、不劳而获，都是懦夫和懒汉的想法，是任何创作都会嗤之以鼻的。

所谓艰苦的劳动，就一定要舍得花费时间和精力，就要不畏险阻、千方百计克服困难，就要树立不达目的不罢休的志向和乐此不疲、乐在其中的强烈愿望。

所谓艰苦的劳动，应该集中精神、锲而不舍、充分准备、奋力攀登。不存丝毫半途而废、浅尝辄止的念头，横下一条心，争分夺秒兼收并蓄，竭尽全力深钻苦研，汲取一切可以吸收的养分，排除一切诱惑的干扰。

所谓艰苦的劳动，贯穿创作过程的始终。不论是长期积累的东西，还是灵感引发的所得，都要反复推敲、再三琢磨。不以一得之功而窃喜，不以偶然失算而自卑。

有声语言创作，更为艰难。必须善于抓住"电光石火"的瞬间，迅即判断得失、成败。一时偏离方向、偶尔选错道路，都会功亏一篑、前功尽弃。在这种千锤百炼中，才会提高自觉性，增强创作力。

第三个要素：改变形态

从一种形态改变为另种形态，是创作的核心环节。艺术家要把社会生活形态改变成绘画、音乐、歌曲、雕塑、戏剧、小说、诗歌等，必须殚精竭虑地在"改变形态"上下功夫。

有声语言创作，也必须在"改变形态"上做足文章。大概有两种情况：

一个是：把文字稿件转化为有声语言。绝对不是简单地"念字出声"，仅仅是一个字一个字地念，对应成"字音"，而是把文字的东西变成自己要说的话。因此，要理解、感受，进行意念思维中的声音意象，按照词语序列，准确鲜明生动地表达出来。

一个是：把内部语言外化为有声语言。绝对不是浅薄地"随意说话"，仅仅是意思到了那种散漫的言语，也不是没有深思熟虑的伶牙俐齿，更不是能说会道的胡聊乱侃。因此，要进行理解、感受，遣词造句要讲究，主次关系要明确，表达语意要清楚，具体内容要明晰，思想感情要贴切，交流对象要专注。

这两个改变形态的情形，不会"各自为政""各自为战"；今后在实践上也不可能完全独自去"单刀赴会"，而是联合作战，各显其能。因此，二者的转换就成为进一步研究的重要课题。

这两个改变形态的情形，都有共同的要求：遵从语言规律，凸显形态特征，呈现创作高潮，达到声情并茂（声画和谐）。

第四个要素：完整作品

所有一切劳动，最终必须创作出完整的作品——有头有尾、有始有终，不能是残缺的、片段的，不能是割裂的、破碎的。可以是一次节目，也可以是一篇稿件，还可以是一首诗歌。可以是一个人独立完成的，也可以是两个人共同完成的，还可以是多个人一起完成的。

这个要素，强调目的的实现。其中，可能与最初的设想不尽相同，但是必须大体一致。围绕目的所进行的一切，都是有效的、有益的。与当初的目的相悖、相反的"完整作品"，要么初始目的的设定是错误的，要么在创作过程中出现了重大的失误。这都会使创作夭折。成功的作品，主要看是否达到播出水平。

这个要素要求，所谓完整的作品，必须是不可重复的、不可反复的、不可模仿的、不可复制的。只能是"这一个"，只能是此情此景、此时此地的"这一个"，只能是这个人、这些人共同创作的"这一个"。即使是同样的内容、同样的群体，换了不同的时间地点，即使依样画葫芦重新再创作一次，也就不是这个作品的原貌了。或者改变作品名称，成为一个新作品；或者取代原来的作品，把原来的作品搁置。

这个要素要求，应该是达到播出水平的成品。不论播出与否，都应该是已经完成的作品。没有这个环节，就没有"创作"本身，也不能称其为"创作"。

这四个要素，相互勾连，环环紧扣，缺一不可。在任何环节上，尤其是"改变形态"的环节上，出现了问题，不能逆转、弥补，必然导致创作的扭曲、变形。

因此，要形成科学、积极的创作观，时时掌控创作的主动权，并在总结创作经验的时候，查遗补缺，扬长补短，努力强化创作优势，争取创作出"精品"和"典范"。

第三节 创作空间

有声语言创作，保有着广阔、深远的时空。其可容性，包罗万象；其可能性，通达天地；其久远性，代代流传；其融通性，铭刻肺腑。历史上的许多创作，由于保存不力、搜集困难，往往散佚或丢失。科技的发展，已经使现代有声语言作品的传播和保存成为现实可能。这就为我们的精心创作、精良制作提供了最佳选择和最优传承的宝库，可以做到利在当代、惠及子孙。

有声语言也是文化，是人类精神财富的结晶。像所有文化门类一样，她来自人们的社会生活。人,是社会的结节点;人类的语言,是人类创造自身和创造世界的重要组成部分。有声语言与文字语言,贯穿着人类的思想史、文化史、学术史和一切创造史。文字语言记录的历史,包括意识形态和典籍器皿的精神物质财富,浩如烟海、琳琅满目。有声语言被记录的历史,残缺不全、凤毛麟角。我们不应责怪祖先,我们只有发奋追溯和抢救。对于有声语言的创作,前辈先贤已经开始了筚路蓝缕的积淀和发掘。如此,我们才有可能进行今天的研究。我们只有竭力珍惜和继续探索。

有声语言的创作空间有三个层次。

生存空间

有声语言的生存空间,是一个浩瀚的海洋。那些经典荟萃的诗文论著、那些脍炙人口的民间文学,正是我们遨游其中、坐享其成的丰厚遗产,经常成为我们取之不尽、用之不竭的泉源。但是,有声语言的生存空间还普遍存在着芜杂、肮脏、陈腐、淘汰的词语,还经常出现方言土语、俗言俚语、粗言恶语、行话黑话等。至于含混不清、结结巴巴、词不达意、言不及义的状况,更是时有所见、不足为奇。

规范空间

为了使祖国的语言纯洁、健康,有声语言必须从生存空间进入规范空间。只有规范,才能形成国家通用语言,在更为广阔的地域和人群中使用;在人人会说、人人听懂的情况下,不断选取、保留生存空间中的范本,形成全民族的、国家通用的规范语言,并努力普及,大力推广,精益求精,与时俱进,从而提高整个民族的语言文化素质。

规范语言,是民族文化成熟的标志,是维护国家利益、捍卫文化安全、弘扬民族精神、扩大国际影响的重大举措。任何放弃规范的做法和看法,都不利于民族优秀文化的继承和发展,都不利于建构和谐社会价值体系、民族心理强劲张力的稳定内核。地域方言的衰微和消亡,属于历史演进过程中的必然趋势,不可逆转。其中的精华,必定被通用语言融化和吸收。掌握某种方言,再掌握国家通用语言,并不矛盾,更不对立,反而是语言能力的增强,何乐而不为?

审美空间

规范,也是一种美感。但是,有声语言的规范空间,没有包容美学理想,还需要提升到审美空间,才可能给人以更强烈、更深远的美感愉悦。有声语言的美感,不仅是用气发声的甜美、吐字归音的精美、语言表达的优美、对象交流的情美,还有民族美、风格美、意境美、韵律美。"闻其声如见其人""到什么山上唱什么歌""风格即人",都说明,成熟的有声语言创作,必然会到达艺术特色和主体风格的审美层次。

有声语言创作的三重空间,是符合人类语言发展的客观存在。三者的关系也非常明确:生存空间极为辽阔,几乎无处不在,其中蕴藏着无数珍奇的瑰宝,也掺杂着各式各样的垃圾和污浊。但是,任何提升和择取,都不能超越它的范围,不能无视它的供给。由于人类社会生活的无限丰富和波澜壮阔,在泥沙俱下、鱼龙混杂的大浪淘沙的过程中,人们肯定把那些金光闪耀、美不胜收的部分保留下来,并且尽心竭力地珍惜和兴高采烈地宣扬。在此基础上,社会的选择和社会的契约,便冠以"规范"之名,名正言顺地推广开去。社会语言的每一次规范,都是"语言与社会共变"的阶段性总结,都是语音、词汇、语法、修辞的更加从俗、从众和从简的演变,不过大多以"词汇"的变化为最活跃、最显著。

人们在使用有声语言时,那些能够辨音律的耳朵发现了"音声美",那些能够发现美的眼睛看出了"声情并茂"给人们带来的美感愉悦。于是,人们用"审美"的尺寸,在生活空间、规范空间里都发现了美,而且逐渐认识到,有声语言的审美空间无比绚丽、无比温馨。人们徜徉其间,不但可以感觉到生命的活力,而且大家好像共处一室,毫无挂碍地使用着十分晓畅的共同语,同时似乎一起进入了心旷神怡、乐而忘返的精神家园。可以说,生存空间给了我们生存的本领,规范空间给了我们自由驰骋的天地,审美空间营造了一个美轮美奂的奇妙世界!

说到底,审美空间、规范空间,绝非另辟天地、另立门户,它们也都在生存空间之中。社会只是在选择、排除之后,显化了规范的视阈,并强化了美感的阈限,从而放大了它们之间的差异,激发了追求高雅的愿望,坚定了创造典范的信心,明确了理论建设的路径。同时,这也是对有声语言应用中三个层次的要求,更是对有声语言社会功能的三个角度的阐发。

第四节 社会功能

有声语言的创作,必须顾及它产生的社会功能。否则,就会导致有声语言创作的失效和无效。

有声语言的社会功能,可以概括为三个角度:

信息共享

从传受的关系看,传者要成为真正的信源,通道畅达地把信息完整、准确地传送到受者,使受者成为真正的信宿,甚至依次传扬开去,形成多级传播。这样,传受双方就能共同享用全部有效信息,而没有任何阻隔和损耗。传者作为矛盾的主导方面,完成传播真实、确实的有价值信息,体现出传者那种高度的责任感和强烈的事业心。作为传者,永远不能认为自己明白、自己懂了,传播出去以后受者就肯定明白、肯定能听懂。传者必须以受者能否明白、能否听懂为出发点,时时处处为受者着想,真正把受者的需要放在第一位。只有如此,"信息"才能"共享"!

认知共识

信息本身比较容易理解,一般不会产生歧义和错讹;但是在关于信息的传播目的、话语的深层含义和内容的精神实质方面,本应该伴随着信息的传播而显露,却往往因为传者认识不足或理解不深、心态浮躁或急功近利,有意无意地抹平了信息的这些认知价值,使满载"新、雅、精"内涵的信息变得味同嚼蜡、毫无兴味。也许传者做到了表面上的信息共享,却显得平淡无奇、奇妙莫名了。这样传播的信息,本应由传者完成并送达受者,反而要完全依靠受者的开掘和深思,才可能获取"为什么传播"的答案。这同样是传者的失职!

愉悦共鸣

有声语言创作,应该负载着美感。任何信息,哪怕是极为短小、简单的信息,如果能够给人以美感享受,那也是有声语言创作的题中应有之义。缺乏美感的信息,如果不是信息特别重要或者受者特别需要,受者可以马上加以拒绝。即使是特别重要或者受者特别需要的信息,同时又能满足审美愉悦,那不是更能增强吸引力和感召力吗?

当前,信息传播的广泛性、公开性、竞争性,使得各个媒体之间愈益关注信息的高质、高效传播,愈益关注信息的信度、深度,并且增加信息的美学含量,以便在争夺、吸引受众中占尽先机、力拔头筹,并一直保持领先的优势。我们所提出的这三种功能的着力发挥,将极大地增强有声语言创作的传播魅力,扩大覆盖领域,稳定收听、收视群体。

可惜的是,有些媒体,尤其是广播电视媒体,过分追求收听率和收视率,而忽略了对于信息传播功能的把握和拓展,要么追新求异,要么集怪猎奇,要么拾人牙慧,要么邯郸学步。信息传播也要不断创新,也要突出自身特色!而创新的脚步、特色的推举,都需要在传播规律上下功夫,更需要在有声语言创作上花气力。那些快而无当、老调重弹、言不由衷、貌合神离的做法,理所当然地会遭到抵制甚至排斥。

不论现行的体制、机制如何,作为有声语言创作者的传者,都应该恪尽职守、奋发有为,苦下内功、多出精品!在学习中,不要寻找客观原因,而要通过课堂教学和大量训练,体会和掌握有声语言创作的情趣和理路,从实践中认识传播功能的巨大魅力!

知识梳理

播音主持:播音是基础,由此可以生发出各种形态,主持即其中之一。播音是"转述旁白",主持是"率真表白"。播音是共性基础上的个性表达,主持是个性言说下的共性诉求。

创作要素:创作目的、艰苦劳动、改变形态、完整作品。播音创作的目的为"德、智、体、美"。艰苦的劳动贯穿创作过程的始终。改变形态一是把文字稿件转化为有声语言,一是把内部语言外化为有声语言。播音创作出的完整作品有头有尾,有始有终。

创作空间:生存空间、规范空间、审美空间。有声语言的生存空间是一个浩瀚的海洋。为了使祖国的语言纯洁、健康,有声语言必须从生存空间进入规范空间。只有规范,才能形成国家通用语言。规范空间提升到审美空间,才可能给人以更强烈、更深远的美感愉悦。三重空间是对有声语言应用中三个层次的要求,更是对有声语言社会功能的三个角度的阐发。

社会功能:信息共享、认知共识、愉悦共鸣。信息共享是传受双方共同享用全部有效信息,而没有任何阻隔和损耗。认知共识是信息的传播目的、话语的深层含义和内容的精神实质伴随着信息的传播而显露,传受双方达成认知层面的共识。愉悦共鸣是有声语言创作负载着美感,给人以美感享受,满足受众的审美愉悦,增强有声语言的吸引力和感召力。

思考题:

1.为什么说播音是"创作"?
2.论述有声语言传播的功能。

第二章

创作主体

第一节 主体定位
第二节 话语权力
第三节 主体能力
第四节 主体差异

主体定位：有声语言创作主体是播音员、主持人。他们是党、政府和人民的喉舌，是新闻工作者。

话语权力：党、政府和人民赋予播音员、主持人在话筒前、镜头前播音和主持的话语权力。

主体能力：以播为主，一专多能。

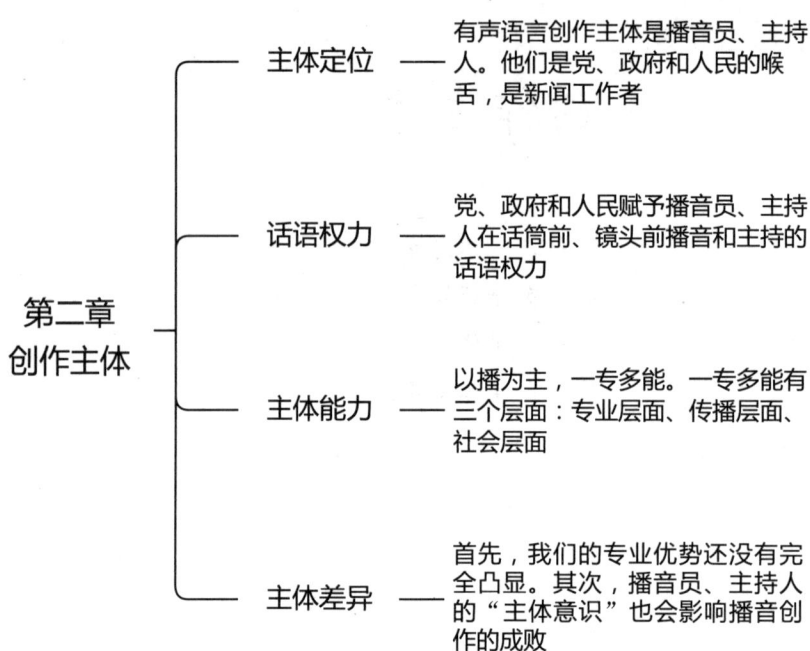

第一节　主体定位

我们所说的有声语言创作主体,就是播音员、主持人。他们是"在媒体传播中,以有声语言(包括副语言)为主干或主线,出头露面,驾驭节目进程的人"。

他们是"党、政府和人民的喉舌",是新闻工作者。

广播电视属于新闻媒体,播音员、主持人是其中的一员,担负着宣传方针政策、法律法规,反映社会生活、人民呼声,传播科学思想、先进文化,拓展国际交流、学术视野,增加知识储备、生命感悟,提供市场动态、娱乐欣赏,指导合理理财、体育健身,阐发历史积淀、前沿成果,建构崇高人格、和谐世界等一系列庄严的使命。

作为新闻工作者,要坚守"真、善、美、新、雅、精"的传播理念,拒绝腐朽和低俗,抵制虚假和丑恶,维护祖国语言文字的纯洁和健康,捍卫民族文化传承的兴旺和发达。

必须重视"真"。以真实的身份、真诚的态度、真挚的感情、真切的语气,传播"真理",报道"事实"。

必须重视"新"。以新的事实、新的视角、新的形式、新的姿态,推崇高雅,打造精品。

大众传播,包括新媒体、多媒体,都应该坚持"引导"的社会责任。要引导广大受众,提升精神境界,净化社会生态。这个"引导",要在两个方面实施:一是"灌输",把受众"未知"而"应知"的东西,艺术地灌输给他们;二是"满足",把受众"已知"又"欲知"的东西,有限度地满足他们。播音员、主持人应该主动承担起这个义不容辞的责任,以新闻工作者的职业敏感和有声语言创作的艺术魅力,使得这种"引导",左右逢源、切实到位。

有声语言创作主体在这个定位上,应该高屋建瓴、胸襟开阔、气势磅礴、兼收并蓄。要摒弃"锱铢必较""急功近利"的心态,要抛却"小衣经济""狭隘经验"的眼光。还要坚持不懈地锤炼"中国作风"和"中国气派",弘扬以爱国主义为核心的民族精神,首先让中国的老百姓喜闻乐见!由是,应该避免"殖民地文化心态"和"崇洋迷外"的价取向。当然,也应该主动汲取域外、国外的先进经验和科学方法,不可闭关自守。

播音员、主持人的职业和岗位,是名人的职业和岗位,值得引以为骄傲和自豪;但是,在鲜花和掌声的后面,存在着危机和陷阱。在光环中舞蹈的时候,要谨防跌倒,要警惕沦落!

第二节 话语权力

党、政府和人民赋予了播音员、主持人在话筒前、镜头前播音和主持的话语权力。播音员、主持人代表媒体和节目制作群体,把撷英荟萃的信息、集体智慧的结晶、人类文化的精华、社会历史的画卷都准确、鲜明、生动地传播出去,以正确的舆论引导人们提升精神境界、积极面对人生、努力追求理想、建构和谐世界。

播音员、主持人的话语权力,只有在这个岗位上才能拥有。这个岗位绝非个人领地,因此,他(她)不管采取什么表达方式,在何时何地,都只能维护国家利益,捍卫文化安全,弘扬民族精神,反映民众愿望。绝对不许出现滥用话语权力的情况。

播音员、主持人的话语权力,是指有声语言的创作必须有充分的准备、体现价值的深化和力求创新的驾驭。不应萎缩、不可膨胀。

播音员、主持人的话语权力,是激发创作主体积极性、主动性、创造性的原动力,是创作主体驾驭有声语言(包括副语言)进程的核心要素,是发挥有声语言社会功能的前提条件。

播音员、主持人的话语权力,要求创作主体具备深厚的文化底蕴和坚实的语言功力。缺乏文化底蕴,必然"捉襟见肘";没有语言功力,肯定"理屈词穷"。

播音员、主持人的话语权力,完全掌握在创作主体的手中。他(她)可以依照自己的价值判断决定语言内容和表现形式的情状和态势,而无人能够从中干预,也无人可以助其一臂之力。这就要求创作主体必须具备相当高的综合素质,时时修炼自身的学养,以坚持正确的导向。否则,就会给传播带来不可弥补的损失。

第三节 主体能力

有声语言创作主体之所以能够进行创作,是因为有驾驭有声语言的能力,有使用有声语言(包括副语言)进行表达的能力,有在话筒前、镜头前向大众进行传播的能力。

我们认为,主体能力可以概括为"以播为主,一专多能"。

以播为主,不但是说,要把播音作为终身从事的、自己始终热爱的职业和岗位,而且是说,要把播音工作放在首位,投入主要的精力,花费大量的时间。即便是在其他岗位上锻炼,也要时刻把播音放在心上。这就是"心无旁骛"的意思。

以播为主,不能以此为副业,不能采取应付的态度。要专心致志,冬练三九,夏练三伏,持之以恒,日久弥坚。

一专多能,有三个层面：

一个是专业层面。在专业范围里,以某一个岗位作为专长,其他岗位也能胜任。如新闻播音是专长,人物访谈、专题解说等也能够胜任;如综艺主持是专长,又能够播报文艺讯息、主持谈话类节目。既不必求全责备,又不能样样稀松。

一个是传播层面。专业能力很强,还应该拓展,策划、文案、撰稿、编辑、采访、录制、拍摄、化妆、灯光、音响等方面,也能够参与其中,甚至独当一面。特别是加强策划、采访能力,更为重要。如果训练有素,一旦机遇到来,就可以应付裕如。

一个是社会层面。由于专业的强势,还可能打通适应多种职业的道路。如考取律师证、教师证、公务员证,如能够出任新闻发言人、营销员等。在这些工作中,都能发挥播音主持专业的特长,增添这些岗位的文化辐射力和艺术感染力。

我们历来反对专业的"窄化"和人才的"矮化"。抱残守缺、故步自封是错误的,只看到专业的局限性,只看到专业的技术性,都会削弱专业优势和专业特色。所谓"编采播合一",那提法都不甚科学,那做法就更值得考虑。一个人不可能长期做到,一支队伍就更不可能以其为集体目标。任何媒体的运作,都是现代化生产,几乎没有个体生产方式。而且能不能做到,岂止是单纯的个人能力问题。没有岗位的需要,没有领导的安排,个体是无法按照主观想法去实现的。所谓"念稿员",这种提法满含着嫉妒与贬斥。这种固执己见的人,自己能不能"念稿"、会不会"播音"都值得怀疑。

当然,这个专业,还可以向更多的方面拓展自身的能力。如朗读朗诵,如演讲辩论,如角色配音,如小说演播,如语言教学,如诗文写作……凡是同有声语言有关的科目,都可以触类旁通。

由于"以播为主,一专多能"的广阔性、层级性、可能性、特殊性,参与其中,定会获得"悦耳动听、赏心悦目"的愉悦,给大众带来美感享受。

第四节　主体差异

　　播音员、主持人队伍,至今无论在质量还是数量上,都未能满足广播电视事业的需要。这个新生的专业和职业,往往遇到不理解、不支持的情况,甚至轻视、蔑视的言论和做法,这是历史原因造成的,并非某些个人的作为。不过,任何事情外因总是条件,内因才是决定性因素。我们自身还缺乏什么,倒是值得深刻反省的。

　　首先,我们的专业优势还没有完全凸显。虽然,那些优秀的播音员、主持人,具有不可替代、不可模仿的主持特色和播音风格,但在很多情况下,或者在某些重要岗位,专业与非专业的差异并不明显,似乎学过专业的同有些没学过专业的人员,水平却大体差不多。也就是说,我们的整体队伍参差不齐,不少专业人员,或多或少地存在着业务问题。这就造成了播音主持专业主体的独立性尚未达到应有的地位,甚至可以认作主体缺席。什么时候,凡是播音主持专业的人员,都处在其他专业人员不能超越的境地,那才可以说:主体总体出席、主体整体独立了!当然,总会有个别人员,虽然没有经过专业学习和训练,也完全能够胜任播音主持工作,其中有更深刻的主客观原因,那自当别论。

　　其次,在进行有声语言创作的过程中,播音员、主持人的"主体意识"也会影响创作的成败。主体意识,是决定主体地位和作用的关键意识:"我就是我""我不是他人""我有自己的创作思想、创作能力、创作路径、创作方式""我必须驾驭创作进程"。这种自信、自强、自知、自重,是创作中绝对不能动摇、不能削弱的发动机和催化剂。有些播音员、主持人,往往不够自信,或者模仿别人,或者徘徊犹豫,使得有声语言创作走上飘忽不定的态势,既会导致内容空泛,又会造成价值模糊,甚至令人不知所云,从而失去自我、主体失语。还有,很容易变得不同主体的同质化,而抹平差异,无异于消弭艺术特色和风格,看不到"这一个"创作主体的"这一个"创作个性,必然使得各种创作的类型、各个创作的主体走向雷同化。缺乏主体意识,是创作公式化、平面化的根本原因,它可以使固定腔调、固定模式、固定语势、固定状态横行无忌、痼疾难医。

　　只有坚持强化主体意识,让主体行为支配整个创作过程,才能催生有声语言表达的典范,催生播音主持艺术风格的百花齐放!

　　当然,主体意识并不妨碍吸收他人之长,并不影响接受旁人的指点,更不应该成为拒绝优秀创作理念、固执己见自我张扬的挡箭牌。

　　"乐于在场、勇于出席、善于发言",应该成为座右铭。

→ 知识梳理

主体定位：有声语言创作主体是播音员、主持人。他们是"在媒体传播中，以有声语言（包括副语言）为主干或主线，出头露面，驾驭节目进程的人"。他们是党、政府和人民的喉舌，是新闻工作者。

话语权力：党、政府和人民赋予播音员、主持人在话筒前、镜头前播音和主持的话语权力。播音员、主持人的话语权力只有在这个岗位上才能拥有，是指有声语言的创作必须有充分的准备、体现价值的深化和力求创新的驾驭。播音员、主持人的话语权力，是激发创作主题积极性、主动性、创造性的原动力，是创作主体驾驭有声语言（包括副语言）进程的核心要素，是发挥有声语言社会功能的前提条件。播音员、主持人的话语权力，要求创作主体具备深厚的文化底蕴和坚实的语言功力。

主体能力：以播为主，一专多能。一专多能有三个层面：专业层面、传播层面、社会层面。专业层面指在专业范围内，以某一个岗位作为专长，其他岗位也能胜任。传播层面指专业能力很强，策划、采访等能力也要加强。社会层面指发挥专业特长，打通适应多种职业的道路。我们历来反对专业的"窄化"和人才的"矮化"。

主体差异：首先，我们的专业优势还没有完全凸显。其次，播音员、主持人的"主体意识"也会影响播音创作的成败。只有坚持强化主体意识，让主体行为支配整个创作过程，才能催生有声语言表达的典范，催生播音主持艺术风格的百花齐放。

思考题：

简述创作主体的能力构成。

第三章

创作道路

第一节 创作道路
第二节 正确道路

播音主持艺术的创作道路,是客观存在的。不论有意无意、自觉不自觉、主动被动,都面临着创作道路的筛选和抉择。

```
第三章
创作道路
├── 创作道路 ── 播音主持艺术的创作道路是客观存在的
└── 正确道路
    ├── 站在无产阶级党性和党的政策的立场上，以新闻工作者特有的敏感，把握国内外形势的发展变化和人民群众的思想实际
    ├── 准确及时地、高效率高质量地完成"深入理解—具体感受—形之于声—及于受众"的过程
    ├── 以积极自如的话筒前、镜头前状态，进行有声语言的创作
    ├── 达到恰切的思想感情与尽可能完美的语言技巧的统一，达到体裁风格与声音形式的统一
    └── 准确、鲜明、生动地表达出语言文化的精神实质，展现时代风貌，充满人文关怀，发挥广播电视教育和鼓舞广大人民群众的吸引力、感召力
```

播音员、主持人的有声语言创作，必须坚持正确的创作道路。但是，正确的创作道路不是自然天成的，更不是不学而能的。它需要认真、刻苦地反复琢磨，深入、扎实地长期体验。任何寄希望于一蹴而就、急于求成的想法，都会带来损害和失误。

坚持正确的创作道路，是一项实现主体价值、开辟创作天地的艰巨的工程，要时刻同不正确的创作思想、创作道路进行不懈的斗争，对各种诱惑和迷乱作清醒的辨析。

第一节 创作道路

播音主持艺术的创作道路是客观存在的。不论有意无意、自觉不自觉、主动被动，都面临着创作道路的筛选和抉择。

有的，指引人们浮于表层，简单而浅薄，让人们很容易就能做到。但这永远不会进入艺术殿堂，只能在外面踟蹰。

有的，引导人们走向斜路，新奇而怪异，让人们很容易当成新路。但这从来是银样镴枪头，迷惑一时，不能久远。

有的，诱使人们专注个性，自恋而塞听，让人们很容易自我张扬。但这根本就是唯我独尊，刚愎自用，忘记"服务大众"。

有的，强迫人们丢掉自我，陷我于不义，让人们很容易沦为奴仆。但这总会导致人权覆灭，丧失人格，从属于"招欢卖笑"。

有的，引诱人们忘记家国，崇洋媚外，让人们很容易数典忘祖。但这实际上助长了殖民地文化心态，强化了西方的价值观。

有的，促使人们轻视文化传承，娱乐至死，让人们很容易"乐不思蜀"。但这把民族精神至于脑后，在严峻的现实面前会失范、失态。

如此等等，不一而足。

在这些观点和作为大行其道的当口，我们还有精力、有空闲思考和探索什么创作道路问题吗？

心态浮躁和物欲横流,造成了多么困难的形势!很多人感到无力,感到无奈。

但是,我们的艺术良心还在,我们的历史使命还在,我们的社会责任还在,我们的理想志趣还在。越是美好的事物,越要经受磨难。越是经受磨难,才越能显示创作的威力和魅力!

道路是曲折的,前途是光明的,规律是不可违反的!

第二节　正确道路

老一辈播音艺术家们,给我们留下了丰厚的宝贵财富。如何认识和把握正确的创作道路,他们也存储了精心思考的见解和长期探寻的架构。我们后来者,经过集思广益,基本上厘清了具有我国社会主义特色的播音主持艺术的正确创作道路。

这正确的创作道路,可以表述为:

站在无产阶级党性和党的政策的立场上,以新闻工作者特有的敏感,把握国内外形势的发展变化和人民群众的思想实际,准确及时地、高效率高质量地完成"深入理解—具体感受—形之于声—及于受众"的过程,以积极自如的话筒前、镜头前状态,进行有声语言的创作,达到恰切的思想感情与尽可能完美的语言技巧的统一,达到体裁风格与声音形式的统一,准确、鲜明、生动地表达出语言文化的精神实质,展现时代风貌,充满人文关怀,发挥广播电视教育和鼓舞广大人民群众的吸引力、感召力。

每一个国家的每一个媒体,都必然体现国家意志,都力求实现统治阶级的大政方针,毫无例外。我们的国体和政体,决定了各级媒体的政治方向和宣传策略。我们既然是"党、政府和人民的喉舌",就只能站在无产阶级党性和党的政策的立场上,别无选择,立场决定态度,我们必须忠诚于党,忠诚于国家,忠诚于人民。在这个问题上,不能动摇,不能迟疑,要堂堂正正、理直气壮。

广播电视反映的是世界的风云变化、社会的前进步伐,应该"紧扣时代的脉搏""击中时代的弦"。其选择信息、报道现场、节目宗旨、传播内容的价值取向,必须符合正确的舆论导向、党和人民的根本利益和长远利益。

我们所说的正确创作道路,是通过播音的特殊性来阐明世界观和语言表达的关系这个核心的。一切问题都紧紧围绕着这个核心,被它制约,受它左右,由它生成,用它贯穿。

播音的正确创作道路,同播音员的世界观有不可分割的紧密联系,成为党性与个性的化合体。播音员必须具有无产阶级的立场、观点、方法，必须站在党性的高度，必须有辩证唯物主义作指导，这是不容置疑的。但是。它们不是播音创作中的强加物、外贴物。它们应该渗透到播音员内在的思想感情之中，溶化到播音员播音创作的独特感受之中，甚至成为播音员的"本能"，在播音中流露出来。忽视自己世界观中的非无产阶级成分，侈谈正确的创作道路，那干扰和歧念，总要顽强地跑来作乱的。因此，改造世界观，是播音员带有根本性和战略性的任务。

播音的正确创作道路同播音员的独特人生阅历、思想感情、性格气质、文化素养、审美情趣、语言功力有血肉相连的密切关系。那不可变因素的扬长避短，那可变因素的厚积薄发，都使"播如其人"得到生动的显露。只在有声语言上下功夫，忽略其他因素的综合作用，即使偶然进入正确的创作道路，也是行之不远就要夭折的。

随着语言功力的日益深厚，播音员的个性特征也日益鲜明，这时，诸种基础因素的局限性也就明朗起来。这种局限性，往往使播音员所坚持的正确创作道路变得狭窄，潜伏着停滞的危险。这正如建造宝塔的工程，塔基的大小、深浅、虚实，同宝塔的高度、容量、坚固程度，是成正比的。高耸入云的宝塔，必须矗立在稳固的塔基上，建在沙滩上的楼阁，无论多么富丽堂皇，也不可能经冬历夏。

何况，播音的正确创作道路饱含着浓郁的生活气息和强烈的时代精神。停滞意味着倒退，守旧意味着转向。

当然，语言功力对坚持正确的创作道路有着深刻的影响。它不但是发生社会效果的运载工具，而且是检验创作道路、总结创作道路的客观物质的可感依据。任何对语言功力的轻视都要受到它毫不容情的报复。长期以来，在这个问题上的满足、回避、畏惧甚至厌恶，已经使我们一再反复着重强调的"感情"濒临空灵、缥缈、模糊甚至虚无的边缘了。再沿此前进一步，"万物皆备于吾心"的结论便可横行无忌。现在，我们不应重蹈覆辙，而应该勇敢地揭示语言功力对正确创作道路的形成、坚持、发展、升华的重要作用，为播音质量的迅速提高开辟更宽广的道路。

齐越同志1963年12月27日在上海台播音员座谈会上的讲话中曾明确指出：播音创作要"从文章的内容和形式出发"。但这个问题并未引起足够的重视，反而抽掉了"形式"，致使"从内容出发"成了我们长期以来代代相传的原则。似乎是一把万能的钥匙，可以打开一切稿件的表达的大门。现在，我们必须重新估量这个原则的内涵、作用和价值。我们不会否定它，因为它不能不是一个原则。但是，我们认为不够严密，不够科学。需要注意的是，"内容"只包括叙述、描写、报道、论证、介绍、欣赏的客观事理，它不包括采取的形式，即体裁。为什么有的播音员播消息像播通讯，播通讯像播小说呢？他也认为自己是"从内容出发"了呀？恐怕对体裁的忽视不能不是一个原因吧！不重视体裁，以不变应万变，难道不会使创作道路鱼龙混杂吗？把消息播得像通讯，不是往往被指责为创作道路不正确吗？这个简单的事实也可以使我们清醒起来，"从内容出发"是不够全面的。

当初之所以这样表述，完全是有意与"从形式出发"相对立，在反对"从形式出发"的时候，连其中的合理因素也一起抛弃了。我们并不否认"从形式出发"的危害性，但我们也不应否认形式的认识价值。

此外，还有一个理解和感受的关系问题。"理解"指的是弄懂稿件的含义，"感受"指的是体味稿件的情理，二者总是相辅相成、互相促进的。但是，从播音创作的实际和特点去考察，对稿件情理的感受总是在后，而这一前一后并不截然分开、截然隔断，主张"从感受入手"的同志，也必然是在理解之中的感受，不可能先感受，然后再理解。

我们说"深入理解—具体感受—形之于声—及于受众"的过程，而不把"具体感受"放在前面，就是这个原因，但是，不能把它简单地、表面地看作四个阶段，特别是前二者，更要融为一体，可以解析为"边理解，边感受"。但这种解释必须给以正确的说明，即一要在理解基础上感受，二要在感受中继续加深理解，三要多次反复进行，不能"一次完成"。

到此，我们关于播音的正确创作道路，可以得到较为明晰的印象了。

不过，所谓"正确的创作道路"谈何容易？坚持正确的创作道路，必然要时刻同不正确的倾向作斗争。不重视深入地分析理解稿件，单纯追求语言技巧的倾向；专注于分析理解，却忽视饱满的无产阶级感情的积聚和引发的倾向；漠视语言技巧的倾向；无视播音特点的倾向等，都会妨碍我们对正确的创作道路的掌握和坚持。

值得着重解决的是那种连续性、多发性的倾向，它不但是某一篇稿件的播音创作问题，更严重地影响着今后的创作，致使创作道路发生偏差，造成永久性的，甚至是习惯性的症状。克服这类倾向是相当困难的，虽然不能说是不治之症。

值得密切注意的是一些个别性、偶发性的问题，它往往是不良倾向的先声。对坚持正确创作道路的生疏或自满，常常让播音员不以为然地放过那些"细枝末节"，看不到它们的危险性。一旦量的积累达到质的突变，他们才大吃一惊。亡羊补牢虽然未为晚也，终不如未雨绸缪，防患于未然。

播音的正确创作道路，是播音创作的核心，不可须臾疏忽。只有不断地从思想认识上，从理论与实践的结合上认真加以解决，才会有坚实的进步，才会有长足的发展。初学者掌握正确的创作道路，尤其要刻苦钻研，反复实践。那种"找窍门""走捷径"的想法是有害的，"一蹴而就""一步登天"完全是虚妄的空想。我们要准备走漫长、曲折的路，要虚怀若谷、壮志凌云，要脚踏实地、只争朝夕地前进。

知识梳理

播音主持艺术的创作道路是客观存在的。不论有意无意、自觉不自觉、主动被动，都面临着创作道路的筛选和抉择。

正确的播音创作道路可以表述为：站在无产阶级党性和党的政策的立场上，以新闻工作者特有的敏感，把握国内外形势的发展变化和人民群众的思想实际，准确及时地、高效率高质量地完成"深入理解—具体感受—形之于声—及于受众"的过程，以积极自如的话筒前、镜头前状态，进行有声语言的创作，达到恰切的思想感情与尽可能完美的语言技巧的统一，达到体裁风格与声音形式的统一，准确、鲜明、生动地表达出语言文化的精神实质，展现时代风貌，充满人文关怀，发挥广播电视教育和鼓舞广大人民群众的吸引力、感召力。

思考题：

试说明正确创作道路的实践意义。

第四章

语言特点

第一节　规范性
第二节　庄重性
第三节　鼓动性
第四节　时代感
第五节　分寸感
第六节　亲切感

规范性，是指语言规范，清晰顺畅；
庄重性，是指真实可信，落落大方；
鼓动性，是指情真意挚，爱憎分明；
时代感，是指胸襟开阔，新鲜跳脱；
分寸感，是指准确恰当，不瘟不火；
亲切感，是指恳切谦和，息息相通。

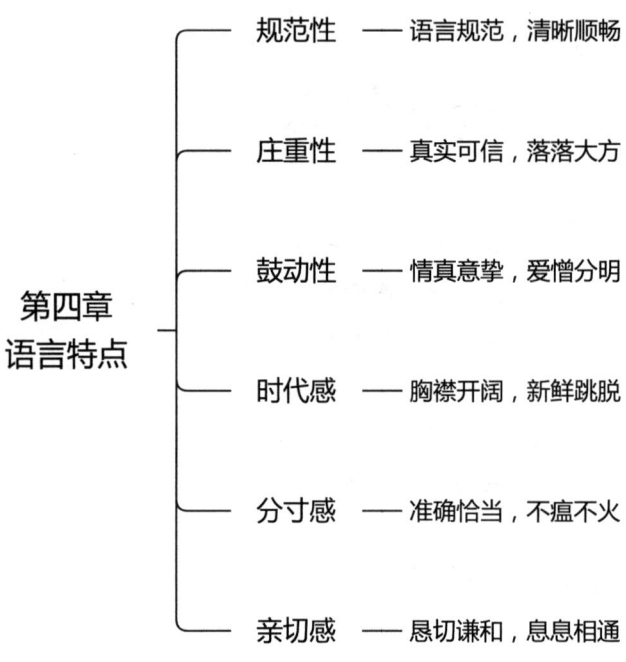

播音语言，除了具有有声语言、艺术语言的共性，当然还应有自己的个性。我们的普通话播音，我们人民广播电视的播音语言，更是独具一格，已经成为太空电波里的黄钟大吕。

现在，一谈到播音，人们爱使用"播音腔"这个词儿。本来，这个词儿是可以使用的，它包含着播音语言的特殊性、稳定性，一听就能分辨出来，不应同相声、评书、角色语言、日常语言等混淆，也不应同聊天、座谈、讲话录音、口令等混淆，它有它的褒义内涵。可是，目前却给这个词儿增加了许多贬义内涵，把"播音腔"同"八股腔"、"固定腔调"作为同义词了。在实践上，便生出许多误解来。似乎越不像播音越好，越让人听不出"播音腔"越好。于是，打破"播音腔"的势头越来越厉害，"生活化"竟走上了自然主义的邪路，"艺术性"也被更多的随意性代替了。一些感情不真、意思不明、声音不美、语音不准的有声语言，竟成了某些同志一味追求的"楷模"。

我们研究播音语言的特点，就要弄清"播音腔"里有哪些应该继承的精华，以便抛弃那些阻碍其提高的糟粕，让播音语言的特点更鲜明，让播音质量有更大的提高。

播音语言的特点，概括地说有以下几点：规范性、庄重性、鼓动性、时代感、分寸感、亲切感。

第一节　规范性

规范性，是一个社会所有活动的共同品质，是各个历史时期的共同追求。虽然规范的内涵和外延各有区别，但是都在力求规范化。政治不规范，影响国家统一、社会稳定；经济不规范，市场容易混乱、假冒伪劣猖狂；文化不规范，道德滑坡、传承断裂；教育不规范，人才匮乏、精神迷茫；语言不规范，阻碍交流、视野狭窄……

秦始皇的"书同文"，是伟大的历史功绩。但是，"语同音"，至今还没有得到应有的重视。现在，以广播电视语言传播为样板，进一步开展了语言规范的伟大工程。《中华人民共和国宪法》一贯强调"全国推广普通话"。《国家通用语言文字法》又以法律的形式具体规定了语言规范的实施办法。

我们应该在有声语言创作中,竭力推广普通话,大力宣传普通话,身体力行地成为纯正普通话的模范、催生普通话典范的主力军。

在市场经济走向完善的过程中,利益的诱惑、追新求异的心态,使播音员、主持人把某些地域方言和所谓的"港台腔"作为吸引人们的法宝,不惜破坏祖国语言的健康和纯洁,使方言土语、洋腔怪调充斥广播和荧屏。某些人扬言:普通话没有力量,没有味道。于是,他们毫不理睬关于必须经过有关部门的批准才可以播放的规定,大张旗鼓地开办方言节目、演出低俗小品,以此哗众取宠。

在播音主持工作中,时时出现放任语音不正、词汇不当、语法不通的现象。尤其是,貌似重视的仅仅注意个别字音,而把整体语言面貌置于不顾的情况,成为"播音只会正音"的口实,极大地贬低了播音的创作性质,扭曲了播音主持的价值和功能。

规范性,不但包括语音、词汇、语法、修辞,而且包括语流的顺畅、表达的精确、交流的生动、语言的品位,不应局限在某个字音是否正确上。语言是文化,把"窗明几净"的"几"字,读成上声,就完全曲解了这个成语的本义;把"玫瑰"的"瑰"字,不读轻声而读成阳平,就打破了语言的习惯,使语言变得生硬而呆板。因此,凡是改变原义、违反常规的语言行为,我们必须加以更正,都要对其进行规范。

现在,语言文字规范化的进程,令人鼓舞。全国能够说普通话的人口,已经达到53%。但是,即使全国有80%的人能够达到普通话测试一级甲等,也并不等于大家都能胜任播音主持工作。因为,播音员、主持人的上岗资格,还有更多的内容、更高的要求。何况,就一级甲等来说,20分钟的测试,居然容许扣掉20多个0.1分,这在播出节目中是不可能、也不允许发生的情况。播音员、主持人即使达到了一级甲等,也是应该的。就规范的要求来说,也不算很高。

规范性,是一个动态的概念。创作主体语言的规范性不断提高,语言规范也会发生必要的调整。但是,这种提高和调整,总体上仍然处于比较稳定的状态,不可能有剧烈的变动。规范性往往受到某种冲击,也属正常。那些流行语、时髦词,此起彼伏,生生灭灭,并不奇怪。

规范和流行,应该是不矛盾的。规范成为流行,是必然的,但流行能否成为规范,却是需要经过历史选择的。有些流行的东西,可能非常强势,而且很多人都接受;不过,社会的发展可能并不在意一时的兴旺,也许昙花一现就消失了。还是要遵从科学的、历史的轨迹,不为暂时的光辉所迷惑。

规范性,是播音主持的语言特点。我们理应坚守,我们充满信心。在规范与不规范的反复演变、不断发展中,祖国语言的规范性,必将在有声语言创作中完美体现。

规范性就是规规矩矩、工工整整、正确示范、成为模范。

第二节 庄重性

播音员、主持人是以有声语言和副语言为传播手段的新闻工作者,播音语言应该反映出大千世界的本来面貌。这种反映,应该是真实、清晰、恰切、质朴的,而不应该是虚假、含糊、冷漠、僵硬的。

首先,应该加强可信度。我们所说的,是已经发生的、确有其事的、可以想见的事实,而不是道听途说、信口开河、闲聊玩笑的东西。正因为如此,我们必须保持庄重的态度,流露出严肃郑重的神情,显示出义不容辞的责任,表现出坚定不移的真诚。在传播中,在有声语言创作中,我们一定要彰显诚信、负责的精神,不应有丝毫的轻浮、草率、马虎、敷衍,以便营造一种诚心诚意、言而有信的氛围,从而获得广大受众的信任。无论个人还是媒体,都能取得让人们持久满意的"信誉度"。在媒体激烈竞争的当代,任何疏忽大意,哪怕只有一次失误,带来的可能是长久的不信任感和受众群的大量迁移。

其次,庄重性,绝非一般人认为的那样,是什么"呆板""字儿话",甚至是"没文化"。庄重性,既可以"寓庄于谐",具有风趣、幽默、诙谐、嘲讽等元素,还可以"寓教于乐",采用嬉戏、娱乐、喜庆、欢愉等元素。庄重性,不但要强调严谨、端庄,而且要突出灵动、活泼,这样才能把握它的全部内涵,也才能认识其中的人文底蕴。那些插科打诨、云山雾罩、巧言令色、口出不逊的感官刺激,倒是应该完全排除,它们和庄重性简直是风马牛不相及。

最后,庄重性并不是把所有内容都看作最重要的,句句强调、字字用力,那样反而丧失了庄重性,造成了简单地念字出声的效果,好像不理解、没感受、勉强播出一样。要做到庄重,还是要坚持正确的创作道路,真正游刃有余地去"驾驭",而不是放弃根本,故作深沉、装腔作势。

由于目前出现追名逐利、急功近利的势头,下苦功、花气力的事几乎成了明日黄花。一些电台、电视台,竞相争奇斗艳,花样翻新,全都把庄重性看作吸引受众的障碍,尽力打造丑星丑态、怪言怪语,以求经济利益的最大化。坚持庄重性,竟陷入十分困难、屡遭挫折的境地。只有百折不挠、痴心不改,才能够使这个特点不断深化、强化。

第三节 鼓动性

有声语言创作，不能失去鼓动性的特点。古今中外，概莫能外。

鼓动性，意味着有声语言创作的鲜明的目的性。有声语言的创作，不是为了自误自乐，更不是无病呻吟，目的是让听者获得信息，受到启迪，从中感受到生命的价值、生活的意义。因此，当人们感同身受、兴味盎然的时候，必定增强了前进的勇气、战斗的力量。这正是鼓动性深层含义。

近些年来，人们认识到强加于人的危害，承受了以势压人的苦痛，总是希望摆脱外力的逼迫，企望自主自立的权利和自觉自律的保障。广播电视以及新媒体、多媒体，共同追求"耳濡目染""潜移默化"的传播生态，改变"居高临下""颐指气使"的传播惯性，这是一种进步。但是，如果因此而忽视、放松鼓动性这个侧面，那就会使有声语言创作走向消极和平淡。

鼓动性，是在有声语言创作过程中贯通的内驱力，是创作主体由内而外生发出来的一种推进力，是创作主体赋予有声语言的生命活力。它以创作主体真挚贴切的思想感情为基础，以具体的针对性为目标，充满人文关怀，由此凝练出感召力和感染力。

从革命战争年代开始，播音语言的鼓动性特点一直非常突出。有声语言中充满了爱憎分明的感情，创作了很多感人肺腑的优秀作品。正是这鼓动性，指引千百万人涌向革命圣地，召唤迷途的人们走向光明，加速了敌军的崩溃，推进了胜利的进程；也正是这鼓动性，点燃了人们建设社会主义的热情；还是这鼓动性，增强了人们实现宏图大业的信心。这正是宣传事业、传播工作所应该承担的义务，失去这个特点，语言将无所作为，变得无精打采、软弱无力。

鼓动性，并不是说，每一篇稿件、每一个话题都使人"闻风而动"，也不是每一句话、每种语气都让人泪流满面。这不是鼓动性的原意。鼓动性，只要求达到思想感情上的共鸣，有声语言的重点、高潮、叙事、推理呈现多层次、多角度的变化，有时昂扬，有时深沉，有时浓烈，有时平静，完全不是高声呐喊、撕肝裂肺式的表达。它以"催人向上"为指归，让人们辨是非、知善恶、明美丑、懂爱憎，从而在"心理暗示"中获得某些教益。如果说，人们听了一次播音，看了一次主持，就有了"更奋然而前行"的激动，那是极而言之，实属罕见。我们当然不会这样狭隘地理解鼓动性。

鼓动性，肯定是在"教育和鼓舞"的范围内，由"鼓"而"动"，一鼓作气，入脑动心。当然是"我为人民鼓与呼"。

第四节　时代感

从有声语言的发展史来看,时代感具有持久的稳定性,又反映社会发展的轨迹,带有明显的阶段性。古代和近代,现代和当代,都能够显现出变化的印记。广播电视播音语言,时代感的色彩更是十分鲜明的。

时代感孕育着有声语言的发展趋向,显示出有声语言的当下态势,主要指一定的时代氛围、一定的时代精神下,特有的词语特征,惯常的表达形态。如解放战争的激昂慷慨,新中国成立初期的豪迈奔放,"文革"时期的虚张声势,改革开放后的沉稳亢奋,21世纪以来的务实创新……表现在播音语言上,洒脱的语气和清新的节奏,给人以舒展和明快的感觉。副语言也应符合时代、社会和节目的语境,给人以热诚爽朗、大方得体的言谈举止、神情姿态。

节目内容和形式的多样化、现代化媒体反映现实的迅捷、时代脉搏跳动的加快,对播音语言的要求更高了。信息传播要紧跟时代的步伐,及时有效地反映日新月异的主客观世界的千变万化,不能不提升有声语言的涵化力量和表达活力。那种慢条斯理、僵直刻板的语言样态已经很不适应了,那种过分拘谨、力细声浊的语流形式也应该改弦更张了。

要特别强调时代感的"感"字。对时代的认识和分析当然重要,但更加重要的是深入感受、深刻体验,然后融会贯通、气盛言宜。

第五节　分寸感

语言传播的效率是广播电视新闻节目的生命,也是其他节目的需要。但是,这效率绝非仅仅是"快",更指信息内容、信息传播的"准"。只是一味地加快速度,认为越快越好,甚至连语言的思维过程都没有了,单纯地"耍嘴皮子",那同"准"字是背道而驰的。无效劳动根本谈不上效率,不准确、不贴切,一路播下去,顺势说下去,徒然浪费能源和时间,受众除了失望之外,得不到任何东西。

播音史告诉我们,老一辈播音艺术家们,极为重视有声语言创作的准确性,内容主次、感情浓淡、遣词造句、话语态势,都是他们驾驭创作过程的核心要素。这里的准确性,正是我们所说的"分寸感"。在所有的有声语言表达中,历来讲究"不瘟不火",也就是既防止不足,又防止过分。

播音语言中的分寸感,以什么为准绳呢?它不以角色性格的特点和转换为准绳,也不以"包袱"和"关子"出现的时机和表现方式为准绳,它要以方针政策的精确把握和对现实生活的清晰认识为准绳,还要以艺术地观察世界、表现世界的精美表达为准绳。

方针政策是十分具体的,任何空泛的解读和笼统的言说,都容易造成无关痛痒的效果。方针政策的具体,体现了明确的目的和针对的问题,体现了基本的思路和主要的对策。这时,把握方针政策的分寸,就显得更加重要了。"政策分寸",成为有声语言创作不能须臾离开的、带有根本性的贯穿线。

社会生活是十分具体的,任何模糊的感受和含混的表现,都容易造成"雾里看花"的效果。艺术表达的具体,是指创作主体精细地体验生活、精深地再现生活的语言能力,既无人可以加持,又无法加以复制,虽然往往带着遗憾,但可以创作出饱含深情、技艺高超的精品。"艺术分寸",作为有声语言创作必须锤炼的、精益求精的品格,实在是一个显著的特征。

播音员、主持人的有声语言创作,兼有"政策分寸"和"艺术分寸"的"分寸感",就进入了表达的新境界,为以后形成特色风格,打下坚实的基础。

分寸感,在有声语言上,表现为对词语、段落、篇章等的思想高度、感情浓度的"重、中、轻"的对比把握之中。由于感受到了重度、中度和轻度的区别,并形之于声,使听者也得到同样的认知,获取了传者的丰富信息,也成就了审美的满足。其中"妙不可言、美不胜收""只可意会、不可言传"。

分寸感表现丰富性。语言的繁花似锦,显示出内心的波澜壮阔,确实是播音语言的特点之一。

第六节　亲切感

在信息传递过程中,人们十分重视传播渠道的畅达,而尽力防止传递途中的任何阻断。播音语言的传播,由于种种条件的限制,往往发生各种各样的障碍。广播中出现语言差错、电视中出现画面干扰,都会使人产生接收信息的紊乱感。但是,更大的传播障碍往往出现在语言本身。一篇稿件,总有它具体的内容和形式,以有声语言传达,应该贴切。如果一条振奋人心的消息,播出来好像窃窃私语;如果一则十分风趣的通讯,播出来似乎声色俱厉;如果是评论一件发人深省的重大问题,播起来却给人以轻巧松散的印象;如果是主持一次富有情采的节目,播音员却不苟言笑或哗众取宠;诸如此类,能说这样的播音语言有亲切感吗?还有甚者,不管稿件的内容与形式如何,一味地追求和受众的距离"近",并把这"近"理解为声音低、软,造成某种压抑感;或者一味地追求气势,总像面对千百人,从高音喇叭里播送出来一样,造成某种强制感。因此,我们说,脱离了稿件(或报道内容)和环境(包括报道现场),也就脱离了受众,不会有亲切感。

一般所说的亲切感,概括地说是言之有物、心中有人的结合在有声语言中的表现,它那最基本的社会效果是"使人愿意接受"。

亲切感并不形成播音语言的模式,也不造就任何用气发声的规格。理解感受稿件越深、播讲对象越具体(不是越清晰之意)、表达技巧运用得越熟练,播音语言的亲切感就越强。

亲切感,既然不是一种规格,也不是一种模式,那么,怎样认识其深刻的含义呢?对于亲切感的狭隘理解,往往以为只是低声细语、柔声软语。殊不知,我们所说的亲切,根本不是"亲昵"。例如:冲锋陷阵时的"冲啊!"对入侵者发出的"人若犯我,我必犯人!"欢庆胜利时的"祖国万岁!"普降甘霖时的"下雨了!"那是不允许小气的,只有大声发出最强音,才能表达大众的心声,才会产生心心相印的共鸣、语语中的的心动。

亲切感,是一种营造沟通氛围、疏通交流渠道的融合,是一种互相理解尊重、彼此敞开心扉的契合,其中没有隔阂,没有疏远。

这里,我们可以对播音语言的特点加以概括了:

规范性,是指语言规范,清晰顺畅;

庄重性,是指真实可信,落落大方;

鼓动性,是指情真意挚,爱憎分明;

时代感,是指胸襟开阔,新鲜跳脱;

分寸感,是指准确恰当,不瘟不火;

亲切感,是指恳切谦和,息息相通。

这"三性""三感"虽然各有不同的含义,却互相联系,相互交融,不可分割。从许多成功的播音主持作品中,可以得到验证,得到解答。

播音语言的特点,包含着从低到高的多种层次的广大范围,不可胜数。我们不能因为尚处于这个范围的较低水平,就说播音语言的特点不足取,认为她过于理想化、理论化。其实,较低水平恰是较高水平的先声,没有基础,就不会有提升。我们也不要以为已经处于这个范围的较高水平,就说播音语言特点不全面,因为更高水平恰是基础之上的建构,是融入审美能力的形态。更多的志同道合者坚持播音语言的特点及其融合,并保持上升的势头,就意味着播音理论和实践已经跨入了新的阶段。

我们的概括,也许存在着许多需要深入研究的问题,这要在实践中上下求索,不断创新。

➔ 知识梳理

播音语言的特点,概括地说有以下几点:规范性、庄重性、鼓动性、时代感、分寸感、亲切感。

规范性是指我们应该在有声语言创作中,竭力推广普通话,大力宣传普通话,身体力行地成为纯正普通话的模范、催生普通话典范的生力军。规范性不但包括语音、词汇、语法、修辞,而且包括语流的顺畅、表达的精确、交流的生动、语言的品位。

庄重性是指播音员、主持人应该真实、清晰、恰切、质朴地反映大千世界的本来面貌。首先,加强可信度。其次,既可以寓庄于谐,也可以寓教于乐。最后,真正游刃有余地驾驭有声语言,而不是故作深沉、装腔作势。

鼓动性意味着有声语言创作鲜明的目的性。鼓动性是在有声语言创作过程中贯通的内驱力,是创作主体由内而外生发出来的一种推进力,是创作主体赋予有声语言的生命活力。

时代感孕育着有声语言的发展趋向,显示出有声语言的当下态势,主要指一定的时代氛围、一定的时代精神下,特有的词语特征,惯常的表达形态。

分寸感是有声语言创作的准确性,内容主次、感情浓淡、遣词造句、话语态势的准确性,包括政策分寸和艺术分寸。政策分寸是对方针政策的精确把握和对现实生活的清晰认识。艺术分寸是艺术地观察世界、表现世界的精美表达。

亲切感,概括地说是言之有物、心中有人的结合在有声语言中的表现,最基本的社会效果是使人愿意接受。

总之,播音语言的特点可以概括为:

规范性,是指语言规范,清晰顺畅;
庄重性,是指真实可信,落落大方;
鼓动性,是指情真意挚,爱憎分明;
时代感,是指胸襟开阔,新鲜跳脱;
分寸感,是指准确恰当,不瘟不火;
亲切感,是指恳切谦和,息息相通。
这"三性""三感"互相联系,互相交融,不可分割。

思考题:

简要阐释播音语言的特点。

第五章

创作准备

第一节　广义备稿
第二节　狭义备稿
第三节　备稿六步

备稿包括广义备稿和狭义备稿。

备稿六步：层次、主题、目的、背景、重点、基调。

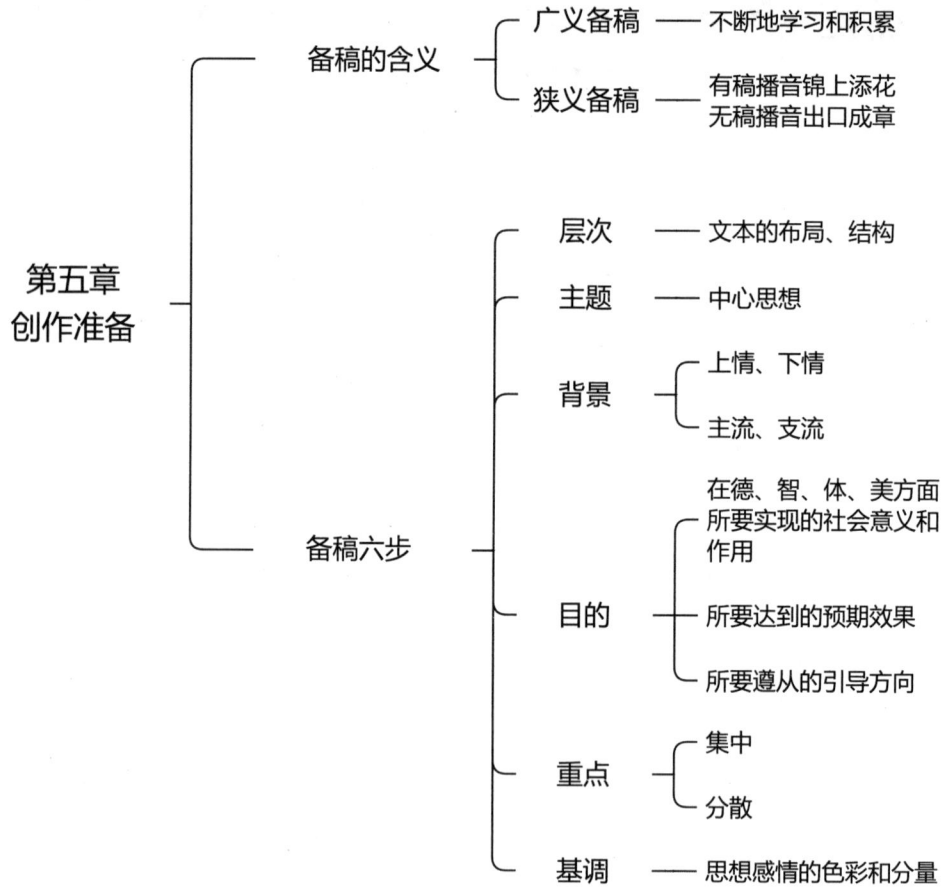

创作准备，是指创作主体在创作之前所做的一切准备工作。众所周知，创作前的准备工作是十分必要、非常重要的。"凡事预则立""不打无准备之仗"。没有准备的言行，冒冒失失、误打误撞，就没有成功的希望。仓促上阵、临时抱佛脚，总会遇到预想不到的情况和问题。仅仅依靠以前的知识和能力，在没有多少时间思考、没有什么机会探寻、找不到依据、得不到帮助的紧急状态下，只能敷衍应对。那创作质量就可想而知了！

目前的一些所谓"创作"，经常是"急就章"，还有限时命题，或者是为了"比赛""获奖"等功利目的。由于背离了正确的创作规律，那作品便掺入了杂质。因此，坚持正确的创作道路，还是首先要明理并践行的。

我们传播马列主义、毛泽东思想，宣传党的纲领、路线、方针、政策、工作任务和工作方法，传播新的思想、新的人物、新的知识、新的风貌，目的是发挥传播工具的组织、鼓舞、激励、批判、推动的巨大作用，给人以德育、智育、体育和美育各方面的启迪，这就叫有的放矢。

我们播出的每一篇稿件，都必然有一定的宣传目的，稿件中的观点、材料、人物、事件，播音中的态度、感情、语言、技巧等，都是为宣传目的服务的。我们可以说，宣传目的是播音的"纲"，纲举而目张。只有抓住宣传目的这个纲，我们的播音才可能准确、鲜明、生动，充满时代气息和生命活力。

没有目的的宣传，是盲目的宣传，我们要力求避免盲目性，努力提高自觉性。

宣传目的不对头，播音就会发生偏差、失误，影响传播效果。我们要力求避免随意性，努力把握准确性。

稿件的宣传目的，以稿件为依据，因此是具体的，但必须包含一个时期、一个方面的方针政策的指导方向，所以又是概括的。我们说的宣传目的是具体性与方向性的结晶，而不是空洞的教条，或者是散乱的碎片。

为了把握宣传目的，播音员必须认真备稿。

所谓备稿，有两个意思：一个是广义备稿，一个是狭义备稿。

第一节　广义备稿

　　创作准备,最重要的是广义的准备。"广义备稿"已经沿用多年,甚至形成习惯,这里,为了方便,我们还是继续使用。实际上,"备稿"一词,很有广播电视特点,"稿",既指文稿,又指腹稿,科学而理性,亲切而明确。

　　广义备稿,是指不断地学习和积累。播音员作为广播电视传播工作者,应该具有较高的政治觉悟和理论水平,应该具有较丰富的生活体验和艺术素养,应该具有较广博的知识和较熟练的技巧。特别是对国内外形势、党的一系列方针政策,更要全局在胸,见微知著。播音员的理解力、感受力、想象力、表现力、对稿件的驾驭能力、对语言形式的审美能力等,无不与他的修养有关,这都需要学习、实践、日积月累。我们播音的质量高低,进步快慢,往往取决于这种学习、积累的深广程度,越到播音的成熟阶段,越到技巧的完美阶段,广义备稿的状况越能发挥出它的巨大潜力。播音创作的无止境,要求广义备稿的无尽头。那种认为技巧纯熟才是播音好的标志的看法是错误的,它必然导致播音的浅薄。初学播音的同志,往往忽略了这一点,专注于具体稿件、具体语句上,专注于技巧上下功夫,实在是舍本逐末。广义备稿实质上是关乎播音员修养的大问题,与播音的性质、任务关系极大,这里不可能详细阐述,只是强调一下它的重要性。

　　广义备稿为播音创作提供了坚实的基础和广阔的天地。但是,这并不等于说广义备稿可以解决播音中的全部问题。不是的,它包括但不能代替具体稿件的准备。

　　狭义备稿,是指播音前具体的准备过程,任何时候都不能以任何理由加以忽视,只能充分利用一切可以利用的时间加紧进行。这里,首先应该继承和发扬老播音员那种忠于职守、严肃认真的态度和一丝不苟、谦虚谨慎的作风;其次还要讲求有效的、精细的备稿方法。

　　备稿方法可以有高下之分、快慢之分,初学者为了打好基础,不可急于求成,否则,欲速则不达。有效,不仅仅是高速度,更应有高质量。一开始就养成马虎、草率的习惯,貌似很快,到头来,反而粗浅,贻害无穷。如果一开始就养成精密、细致的习惯,貌似很慢,实则熟能生巧,遇到急稿,也能够应付裕如,终生享用不尽。

　　认真备稿,是提高播音质量的重要环节。事实上,每一篇稿件的准备过程,不仅属于这一篇稿件:有效地、精细地准备这一篇,当然对这一篇的播音质量有好处,但对同类别、同样式的另外一些稿件的准备与播音也有不小的帮助。因此,我们说,狭义备稿体现着广义备稿的成果,同时,也在为广义备稿提供着新的认识和体验。

关于备稿,有一种糊涂认识,初学者必须警惕。这种认识说:老播音员不备稿,播得也很好。首先,老播音员有备稿时间而不备稿也是错误的。其次,老播音员直播急稿,能全神贯注,正确表达,并非一日之功,甚至可以说是长期认真备稿的必然。再次,向老播音员学习,要择其善者而从之,识其不善者而不从之;老播音员积累的备稿经验值得我们努力发掘和总结,不可以偏概全。最后,绝大多数老播音员是认真备稿的,不备稿的是极少数。如果这些老播音员也认真备稿,播得会更好。

每一篇稿件的准备过程,也是播音的正确创作道路的具体化过程,播音语言艺术的创作由此开始。

创作主体应该以创作为职责。为了更好地进行创作,为了创作出精品,就应该学习。学习政治理论、方针政策,提高政治觉悟和理论水平;要学习伦理道德,知书达理,孝顺父母,尊敬师长;要学习民族文化,了解人类文化,争取在本学科领域"博古通今、学贯中西、文理交融";要学习社会,了解一切人,熟悉一切人,学会沟通,学会交流;要学习"做人",提高自身的综合素质。

为了创作出精品,还要注意积累。世界上的事情是非常复杂的,我们的头脑也要存储丰富的经历、体验、感悟、技能。正直和善良、诚信和机敏、热情和冷静、执着和辩证等,都要时时思虑,处处历练。不要因为眼前无用,就放弃;不要因为暂时不用,就忘记。也许正是那些过眼云烟,说不定什么时候就能派上用场;也许就是那些芝麻小事,说不定什么地方就会成为典型例证。

广义的准备,是一种动员全部精力去面对整个世界的准备。

动员全部精力,是说没有懈怠和懒散的状态,无时无刻不在调动自身能量,以编织周密的网络。

面对整个世界,是说没有疏忽和遗漏的地方,点点滴滴都在视野之中考量,以获取所有的资源。

广义的准备,是建立一种活跃的筛选和吸收的机制。把那些所见所闻,先进行筛选,再进行吸收。一定要做"有心人","削去冗繁留清瘦","采得百花成蜜后","冷眼向洋看世界,热风吹雨洒江天"。

为了积累广博的知识和经验,必须不辞辛苦、废寝忘食地动脑、动手、动心、动笔、动眼、动口,既博览群书,又勤于写作;既游览名山大川,又吟咏诗词歌赋。要养成写日记、写读书笔记、写业务札记的习惯,把看到、想到的东西尽可能写下来。"前事不忘,后事之师"。那些有价值的材料,不去保存,就像雨珠落入大海,再也难觅其踪迹。

为了存储更多的精神财富,只有博闻强记,力求甚解。年轻人的记忆力很好,应该充分利用这个时期，大量记忆。这对我们一生都有莫大的好处。有些东西，需要不假思索，脱口而出，全凭记忆之功。"不是没有时间学习，而是有时间的时候没有学习"！

那些轻视广义准备的同学，花费了很多时间去游玩、娱乐，反以为刻苦用功的同学是"笨""傻"。其实他们错了。"腹有诗书气自华"，文化底蕴靠积累！若干年后，"书到用时方恨少"，就会悔之晚矣！

广义的创作准备，说到底，是一个"如何做人"的问题。简单说，是"做好播音工作"需要："德"——"人文"——"话语权"。即：

德

人文

话语权

从上往下说：先要有高尚的品德、崇高的美德。如：社会公德、职业道德、家庭美德、个人品德。如果"德"出了问题，就什么也谈不到了。人格不能分裂，话筒前、荧屏前显得道貌岸然，而话筒外、荧屏外却不仁不义，判若两人，怎么能统一在公众形象之中呢？这无疑是对受众的欺瞒和哄骗。坚守道德情操的积极向上、高雅精美，是有声语言创作的灵魂。

还要有先进的人文精神。要自重，并尊重他人；要立志，并服务社会。特别要尊重广大受众，尊重他们的需求和期待。在时代的潮流中，我们要坚持先进文化的导向和品位，要充满人文关怀，要提倡无私奉献。生硬冷漠和软弱苍白，是对受众的轻慢和蔑视；个性张扬和颐指气使，是对受众的侮弄和戏耍。绝对不能把自己承担的节目看成私人领地，为所欲为，我行我素。要时时刻刻关心受众，字字句句温暖受众。继承优秀的民族文化传统，弘扬以爱国主义为核心的民族精神。人文，既可观天下，又可成教化。人文精神是有声语言创作的血脉。

话语权，是话语权力，蕴含话语的走向和内涵。稿件可以获得生命，话题能够激发活力。我们要增强语言功力，要发挥传播魅力，要加深文化浸润，要驾驭话语推进，就不应使话语权萎缩或泛滥。珍惜话语权，凝练话语权，高效、高质地运用话语权，正是有声语言创作的智能所在。

反过来说，掌握了话语权，可以赋予话语意义，可以充实话语内容，可以赋予话语美感，可以升华话语品质。其间，存在着人文内在的驱动，存在着血脉的偾张。而种种价值取向正在于"德"的高度观照和细微权衡。

广义备稿，多么重要，又多么值得深思，我们应该无处不在地学习和积累！

第二节　狭义备稿

在进行播音主持的有声语言(包括副语言)创作之始,就要不可避免地面对具体的创作依据。这时,狭义的准备便成为极其重要的了。这当然是在广义的准备基础上,进入具体的创作准备。

我们可能面对着"有稿"和"无稿"两种情况。

有稿,即有文字稿件。有稿播音,是播音员依照文字稿件,进行有声语言的创作:或宣读文件,或播报新闻,或发表评论,或读报念信,或配音,或解说……这都要求尊重原稿,没有差错,语流顺畅,有声有色。不能念字发音,不能见字生情。需要看懂内容,吃透精神,达到"视阈融合",真正"把文字稿件变成自己要说的话"。这样,才可能避免呆板生涩、平淡苍白。所谓"锦上添花",就是把达到播出水平的文字稿件,看作一块"锦绣",有声语言的创作,又在它的上面增加了鲜艳的花朵,使其色彩斑斓、花团锦簇。即使这锦绣并不精美,但有了鲜花的光彩夺目,便更加绚丽,这就能"为之增色"。如果锦绣相当精美,增添的花朵并不靓丽,那便是"为之减色",甚至黯然失色,有声语言创作的劳动就会付诸东流了!为了提高创作质量,必须加强狭义准备的力度,扎扎实实,精益求精,争取打造创作的"典范"。当下,对于"有稿播音"存在不少模糊的,甚至是错误的观点和说法。克服它们,扫除认识上、思想上的障碍,实在是当务之急。凡是轻视、蔑视有稿播音的人们,都有一个共同的问题,即没有播音经历,不懂得播音为何物,更不了解播音的甘苦。其实,只要他们亲身去实践一下,马上就会露马脚——或者念不成句,或者毫无感情。有的人也能播音,但是缺乏深入钻研,几乎没有收获的喜悦,更没有尝过美感的享受,说什么"播音没文化""播音没出息"的话,也就不奇怪了。播音创作的认识论,同样如此:"要想知道梨子的滋味,就得亲口尝一尝"。

无稿,即没有文字稿件。无稿播音,就是在没有文字稿件作依据的情况下,进行的有声语言创作。如:确定了话题,仅有简单提纲,只有一些零散材料,临时需要即兴组织一段话……这都要求尽量做到"打好腹稿""形成要点""心中有数""胸有成竹",以便在创作中"出口成章"。由于头脑中已经储备了相应的话语,并且可以组织好话语序列,所以,当出口时,就能够"有章可循""有话可说"了。这里,内部语言特别重要,内部语言的思维活跃程度、逻辑严谨程度、词语精确程度、感情丰富程度、状态积极程度,都取决于创作主体的广义准备。经常发生的用词不当、语意不清、感情冷漠、思路阻塞,大都是学习和积累的不足、实践和体验的缺乏造成的。真正精彩的无稿播音,记录下来就是一篇绝妙的文章。虽然,可能会出现重复、啰唆、口头语、半截话等现象,要求也不应过于苛刻。只要整体上不出明显的口误和差错,基本上就可以称之为创作了。有些人认为,无稿播音才是"主持",那倒不一定。不过他们坚持认为只有无稿才见水平,这个看法有一定道理,但并不能因此而贬低有稿播音。无稿播音,也不像某些人说的,可以随心所欲、胡聊乱侃。如果是"言不及义""无病呻吟""肆无忌惮""出口不逊",那就远离了有声语言创作的原则和宗旨,根本不能进入大众传播,应该在淘汰、摒弃之列。至于鼓吹张扬个性、大搞自我表演,那就更是应该坚决纠正和极力反对的了。初学者,还是要从一开始就严格要求、扎实进取为好。

第三节 备稿六步

如何做到广义准备和狭义准备的结合?肯定要落实到创作实践的具体过程中去。无论哪种稿件、何种话题,或者早有酝酿,或者突发奇想,也许由某个材料引出,也许从针对性里获得,也许先有主题概念,也许先有重点涌现,也许由自己撰写,也许是他人写好……这些,都完全可能推动创作思路,形成具体创作形态。但是,它们总要整理归纳到具体节目中,或者多篇稿件联成一体,或者几个话题连缀成篇。这时,我们还是要一篇稿件一篇稿件地、一个话题一个话题地分析和把握。因此,就必然进入一篇稿件、一个话题的具体创作准备,即具体稿件、具体话题等"文本"的准备。这时,千头万绪应该有条不紊,水流千遭应该汇入海洋,于是,就只有坚持"六步",才有可能取得创作的自由空间。沿着六步进行创作准备,既是一种经验的升华,又是一种方法论的概括。不要把它看作简单的六个方面,它是合乎规律、合乎实际的模式和法则,它是循序渐进、循规蹈矩的轨迹和路径,它尤其是对具体创作依据("文本")的辨析与解读、掌控与驾驭。以此为基础,才可以在更大的范围、更宏观的层面上,总揽全局,掌控整体。

这六步,简要说明如下:

第一步:层次

所谓层次,是指文本的布局、结构。八股文曾有起、承、转、合的规矩,我们从形式上把握叙述形态,也可以这样了解层次。

在做到没有生字生词,没有不懂的语句、术语和典故之后,必须尽快进入文字语言或内部语言的理解和感受中去。要使每一个情景、每一个观点都在头脑里活动起来,成为"心中之物"。如果还在含混、模糊之中,那无异于盲人瞎马,"以己昏昏,使人昭昭",导致"不知所云",失去了传播的价值,还侈谈什么层次?

对创作依据进行划分和归并,是层次的核心。不论是那种题材和体裁,不论什么内容和形式,包括新闻和综艺,都需要理清脉络。整体上有多少部分,每个部分中,一共有多少段落,这些段落可以归并为几个层次;每个段落中,又可以分出几个小层次,即先说什么,后说什么,接着再说什么,最后说什么,这都是必须弄清楚的。作文有文脉,讲话有语脉。主体只有把握脉络的贯穿线,并且细致分辨各个部分、层次、段落、小层次的区别和联系,既有明确的"线",又有聚集的"块",前后左右都互相连接,形式内容都相互融合,这才是对创作依据的真切了解和掌握。

在此基础上,一定要把每个部分、每个层次、每个段落、每个小层次的"大意"概括出来。无稿播音,即兴口语,也是先有"大意",并且把这"大意"概括出来,其后延展内容,形成词语序列。概括的方法,一般都是用一个"词"或"词组"作为"点睛之笔",胸中存有这些"词"或"词组"的印记,便会生成"话语链"。当然,这只是对创作主体的提醒,不必太讲究,也不求特别精确。由于各个小单位都有了"大意"和前后关联,那么,整体就符合逻辑、顺其态势地紧密串联在一起了。由此,人物、事件的来龙去脉,观点、例证的前因后果,各个单位之间的衔接转换,在创作主体的心目中,就变得清晰、明确了。尤其要明确的是:这种层次关系,完全为了播音主持,有利于创作主体对有声语言的驾驭,从听觉上给人条理分明的印象,而不同于学生课本的分析,只是让学生理解课文本身。因此,那部分、层次、自然段、小层次,是可以根据表达的需要加以变通的。

归并,就是把内在联系比较紧密的段落归并为一个层次。如果全篇稿件中层次很多,还要把内在联系比较紧密的层次归并为一个部分。有小标题的稿件,每个小标题里的内容就是一个部分。由于并列的关系,一个层次可以只是一个自然段,另一个层次可以是几个自然段;同样,一个部分可以只是一个层次,另一个部分可以是几个层次,如下表:

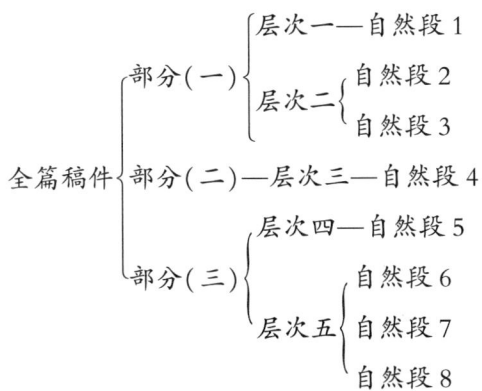

在归并中,短稿可以没有部分,只有两个自然段的稿件甚至也可以没有层次。也就是说,不必每一篇稿件都要硬性归并,完全有变通的余地,但不可只有部分而无层次,因为这时,应该归并为层次,不必再归并为部分了。

如高洪波的散文《西皮流水》:

①北京人有一好:唱京戏。

②有位小说家专门研究过这无伤大雅的业余爱好,总结出两个字,叫作"找乐"。后来以此为题写成一部著名的小说,把北京人唱京戏的种种心态描摹个够。

③我经历过几次这种"找乐"的场面,觉得其中很有些耐人寻味的东西,似乎在"找乐"之外,还应该多一点什么,究竟是什么?我也说不清道不明。

④有一次是在浴池里,热气腾腾的水蒸气闷得人昏昏沉沉的,冷不丁地亮出一嗓子的"西皮流水",挺地道的马派,脆、俏、吐字利落。待热气略微消散,才见到一位朋友正面对着墙角,头微颔,臂略抬,一脸庄重,全副身心地进入了诸葛孔明借东风时的角色。

⑤更妙的是这位朋友唱完、换气的当口,四周竟冒出好几声"好"来。‖于是他又接着唱,这回是《甘露寺》的乔玄乔国老,劝孙权留神,尤其一段"西皮流水"有味道:"他有个二弟汉寿亭侯,青龙偃月神鬼皆愁,白马坡前诛文丑,在古城曾斩过老蔡阳的头。他三弟翼德威风有,丈八蛇矛惯取咽喉,鞭打督邮他气冲牛斗,虎牢关前战温侯,当阳桥前一声吼,喝断了桥梁水倒流。"这段"西皮流水",确实如潺潺流水,韵味叮咚,令人不能不叫一声"好"。‖马派的唱腔甜润流畅,做派潇洒飘逸,由于在浴池里,所以除了唱功之外,别的无法欣赏,这位票友的做派如何只能待考了。

⑥自从听过浴池清唱之后,我便常常在家里欣赏著名唱段。听谭富英的《洪羊洞》、杨宝森的《击鼓骂曹》、李少春的《野猪林》,是一种极惬意的享受。尤其饰林冲的李少春,嗓音宽厚纯正,把个英雄失意的心态表达得淋漓尽致。

⑦京剧是中国的国粹,又是老北京的骄傲,外地人若非爱之弥深者,一般体味不到京剧的妙处。‖有一次,我携小女儿到日坛公园赏秋,穿过修竹茂林,在一处大亭子里看到了一群"找乐"的人们。他们中间的两位老人,斜倚在栏杆上,左腿上垫块手帕,手帕上柱立把京胡,脚下踏只小方凳:分明是两位极合格的琴师。二人调好弦,头一点,胡琴就清清亮亮地响了起来。他们

拉的是过门，刚一结束，人群中自动走出一位中年汉子，皮夹克，扎着抢眼的紫红领带，洋气十足，却是言派的《捉放曹》，讲究的是脑后音。这汉子似乎与二位老人极熟，唱上几句，还嗷嗷嗓子，然后再旁若无人地接着唱。‖周围观众很多，评头论足者更多。我仔细端详一下，发现俱是四五十岁的人，有的轻声随唱，有的用手打着节拍，有的闭目点头，似进入到陶醉的状态。‖听着京胡悠扬的旋律，你不能不为这一古老艺术的魅力所折服，同时更为公园中的这群戏迷所倾倒。我相信只要在这大亭子里头尽兴高唱了自己喜好的京剧唱段之后，准能得到一种宣泄的快乐，郁闷和忧愁也一定不复存在。

⑧北京一些时髦的酒吧里，目前流行"卡拉ok"，自告奋勇到麦克风前去唱歌者大有人在，也正是这种业余歌手支撑了"卡拉ok"的生意，遂成为一种时尚。‖但与公园里、浴池里的京剧清唱家们相比，我似乎更喜爱后者，他们更接近自然，更贴近艺术。或者说，这是一种古老的艺术升华之后的余韵留响，有着民风民族的心理积淀。‖甭管怎么说吧，只要在北京居住，你就不能不喜欢上京剧，尤其是干脆利落的"西皮流水"。特别当你在秋风飒飒的公园里，踏着沙沙作响的落叶黯然神伤时，一声高亢的京胡，两句脆俏的唱腔，却有遏云裂帛的音响效果，让你心神为之一爽。

⑨不怕你笑话，我如今也常常吼上几嗓子，虽然还不敢到公园或浴池里去显摆，可自我娱乐是足够用了。您想想，林冲在雪地里跌跌跄跄走着，还唱着不屈服的抗争之歌，"雄心欲把星河搅，空怀雪刃未锄奸"。咱们体验一下英雄的心态，也不失为一种人生的乐趣不是？

我们可以把以上这篇散文做如下分析：

《西皮流水》
- 第一部分（唱京戏找乐）
  - 层次（一）——自然段1
  - 层次（二）
    - 自然段2
    - 自然段3
- 第二部分（浴池听流水）——层次（三）
  - 自然段4
  - 自然段5（小层次1~3）
  - 自然段6
- 第三部分（戏迷们陶醉其中）
  - 层次（四）——自然段7（小层次1~4）
  - 层次（五）——自然段8（小层次1~3）
- 第四部分（人生乐趣之所在）——层次（六）——自然段9

设若先有提纲,即兴表达拓展成文,也是要把若干"关键词"按序列排开,形成话语链,再随时增加补入语句、段落,从而做到"出口成章",那提纲挈领的道理是相同的。

划分,是指把一个自然段里的内容划分为几个小层次。简短的自然段可以不再划分,较长的自然段可以划分。

每一个自然段有段落大意,每个层次有层次大意,每一个部分有部分大意,当然,每一个小层次也应该有小层次大意。

概括大意,要简单、明了。有时可用一两个词概括。因为我们不是为别人看,而是为了话筒前播出,抓住主要内容,点到即可,切忌啰唆、繁杂。

经过归并和划分,稿件的脉络就更加清晰了,人物、事件的来龙去脉,观点、例证的前因后果,在我们的心目中就更加明确了。

无稿播音,同样强调内容的层次。先说什么,后说什么,都应心中有数。"话题"有多种,每个话题内部,都不应杂乱无章,而应努力做到井然有序。话题之间也应有衔接转换。

有了这样一个轮廓性的层次关系,我们心中就有了"穿成线""抱成团"的基本脉络,在"布局谋篇"的思路上,得到了初步的梳理和整合。

第二步:主题

层次,好像创作依据"文本"的肢体,头、颈、胸、腹、手、足赫然在目,了然于心。但这只是第一步,而且是相对简单的一步。在这第一步里,我们已经理解了大体内容,感受到了其中的主要含义,同时,自己也受到了一定的教育和感染。"正人先正己","动人先动心"。正是这第一步,开启了进入第二步的大门。

任何一次创作,都面临着围绕什么主题传播的问题。我们反对"主题先行"论,这种预设,会带来脱离实际的恶果;我们也反对"主题无用"论,这种否定,会造成枝蔓横生的弊端。创作的成品,在创作伊始就明确了特定的思路,这思路,当然蕴含着"题旨",那就是"主题"。

主题,不是中心内容,也不是中心问题,而是"中心思想"。叙事体裁的主题,是从事件的发生、发展、结局,人物的环境、性格、言行之中挖掘出来的;论说体裁的主题,是从论点、论据、论证中间绎绎中心论点的过程中分析出来的。无论存在多么浓烈的抒情,多么精致的描写,一切都归结为主题的辐射、主题的涵化。

主题的概括,要切中题旨,言简意赅。不必套用固定格式,不必沿袭传统模式。那种"通过什么说明什么"的通常做法,也可以采用,但是,要防止冷漠和空洞。《西皮流水》的主题可以概括为:"唱京戏找乐,可以解忧"。

我们强调主题的明确性、具体性和行动性。

主题要明确,不能含糊其词,不能包罗万象。时过境迁、人事全非,对它都不产生影响,不发生什么变化,它仍然以明确的题旨"遗世独立"。如:"歌颂舍己救人的优良品德""批评不劳而获的享乐心理""赞美劳动者的仁义、淳朴"。

主题要具体,不可东拉西扯,不可生拼硬凑。要坚持"这一个"的独立性,尽管内容近似,但题旨一定有别,应该找到差异。何况每个创作主体的认知、感受肯定不同呢!在概括主题的时候,必然带有创作主体的独特认知和感受,而不会产生雷同化。如:"了解古代桥梁建设者的智慧和技艺,增强爱国主义情怀",既可以从历史文明的层面体味民族智慧,也可以从国家强盛的视角引发当代责任,等等;"回忆父亲的呵护,感受父爱的深沉",既可能引起儿时的记忆,也可能激起回报父母恩情的孝心,等等。

主题要具有很强的行动性,它会给创作主体带来强烈的播讲愿望,激发创作主体活跃的言语行为。由于"感觉阈限"的差异,创作主体从主题的概括中,就生发出自身的"一吐为快"的诉求,当然会获得紧扣主题的内驱力和实现题旨的行动性。如:"揭露贪官的虚伪嘴脸",义愤中可以有仇恨,可以有鄙夷;"学习严格把关的会计师",敬佩中可能有反躬律己的愿望,也可能有路途艰辛的共鸣。

理解和感受的浮泛,概括和提炼的敷衍,就把主题架空了,即便文辞再精美,表述再简练,也会失去根基,那就舍本逐末,得不偿失了!

第三步:背景

这里所说的背景,包括三个层面:

一是历史背景:文本内容涉及的相关情况,属于历史上的人物、事件、典故、史迹等,必须进一步了解,有时还要查资料、找专家,一定要弄个水落石出。否则,就无法深入内里。

二是写作背景:无论自己是否是作者,那创作立意、创作心态、创作历程、创作风格等,我们都应该明确,包括引用的论著、谈到的经典、说到的公案、面对的嘉宾在内。清楚地掌握了这些,才有发言权。

三是播音背景:播出时的思想潮流、社会氛围、时代特点、话语习惯等。

我们特别重视播音背景。由于新闻工作的特质,我们筹划的传播内容,经常属于"当代"的事件。基本上,历史背景、写作背景和播音背景是同一的,但也不可避免地会遇到存在差别的情况。而播音背景,很值得我们认真辨析。

播音背景，特指两个方面。一是指"上情"：党的纲领路线、方针政策。我们必须熟知相关的内容，甚至准确的表述、常用的词语，都要学而不倦、令行禁止、耳熟能详、脱口而出。然后，站在党性和党的政策的立场上宣传其正义性、真理性。一是指"下情"：国际国内的形势，各个方面的现实情况及其变化。我们必须坚守无产阶级和人民大众的立场，看清时代潮流，辨别是非善恶。只有投身火热的现实生活，了解群众的心理愿望，观察大千世界的变化，发现社会发展的趋势，才能清醒、冷静地认识世界。对于"上情"和"下情"两个方面，应该在日常的学习和积累中，在深入实际的观察和体验中，去主动获取。所得越正确、越深刻，我们越能具体掌握背景的宏观层面和微观层面，到时候，甚至可以"顺手拈来""唾口可得"。

我们所说的背景不是笼统的、抽象的，而应该是具体的、可感的，与创作文本密切相关的。我们准备播出的稿件、话题，绝大部分只是从某个具体的角度、某个具体的侧面宣传政策、反映现实的，因此，我们应该较为深入、较为具体地了解这个角度、这个侧面的方针政策、现实情况。但是，由于我们播出的东西，内容广、数量大、品种多，而且时间性强，甚至专业性也很强，很难完全在狭义备稿阶段仓促应战，这就需要在广义准备阶段采取多种方法，利用多种途径，力求更多、更深地了解和熟悉背景。

我们所说的背景，不是漫无边际、牵强附会的材料堆积，而是切合具体内容、紧密结合实际的准确使用。所以，我们必须在杂乱无章、千头万绪的材料中，舍弃那些无关紧要的东西。有些东西，貌似多知多懂，却不起作用，让这些进入眼帘，只能造成干扰。

我们所说的背景，包括社会现实生活中，意识形态的主流和支流，包括执行方针政策的情况和客观现实发展变化的态势所存在的主流和支流。创作主体要心明眼亮，力求分清主流和支流。看不到主流，一叶障目，就容易迷失方向，影响坚持舆论导向的坚定性；看不到支流，莺歌燕舞，就会掩饰矛盾，影响有声语言创作的针对性。

所谓针对性，就是通过大众传播，解决那些亟须解决的思想上、实际中存在的问题。这些问题，属于支流，却与主流相抵触、相对立。不加以解决，也许可能形成某种势头，造成某种混乱。因此，应该拨乱反正、正本清源，为适应社会的发展、时代的进步、人民的需求、群众的权益，作出脚踏实地的努力。特别是那些揭露社会阴暗面、揭示现实生活矛盾的内容，一定要有解决矛盾的措施和经验，一定要有正确言行的对比和提倡。

我们所说的背景，不是静止的、稍纵即逝的、个别的社会现象，而是指源远流长的渐变过程。要抓住源与流的纵向发展，在认识当前的现状时，既看到历史的成因，又顾及未来的走向。

我们所说的背景，不可能是一种孤立的现象，而是指以点带面的态势，理所当然地包含文化、科技的发展情况。要抓住点与面的横向联系。在看到这个"点"和那些"面"的同时,还必须认清它们之间的关系和衔接。

我们所说的背景,从具体内容出发,似乎带有某种偶然性,如时间、地域、事物、问题等,好像不可预料。但是,从纵向发展、横向联系看,定会发现其中的必然性。只有认识到必然性,才有可能达到理解、感受的高度、深度。"不识庐山真面目,只缘身在此山中",是限于狭隘;"欲穷千里目,更上一层楼",是起于遐想;"会当凌绝顶,一览众山小",才是博大精深的真境界。《西皮流水》的背景:弘扬国粹艺术,丰富精神生活已成共识;京剧流派纷呈,令人心驰神往,但领略其魅力,感受其乐趣,尚需爱之弥深,特别是今天在郁闷、忧愁丛生的时候,可以从中找到人生的乐趣!

第四步:目的

在广播电视传播中,播音员、主持人的有声语言创作,能不能揭示目的性是关系到价值取向、既定任务的关键问题。每一篇稿件、每一个话题,都是在总的传播目的统率下进行的。如果说,我们的总目的是为了维护国家利益,捍卫文化安全,弘扬民族精神,传承先进文化,那么,任何传播内容都不应违反,不应与之相悖。

人类的语言活动(也有叫作言语活动的)总是与一定的具体目的相联系的。可以说,没有目的的语言是不存在的。

从有声语言创作来说,作为人类高级神经活动的显著特征,是受主体制约、受主体支配的。那制约、支配的原动力,就是所要达到的目的。斯大林说过,伟大的动力只是为了伟大的目的而产生的。特别从创作的角度,斯坦尼斯拉夫斯基强调:"假使你有一个清楚明了的目的,你可以很快地获得一个具体而正确的内心状态。……假使目的暧昧不定,你的内在情调很容易流于飘忽。目的的性质是决定的因素。"这是很有道理的。

能不能因为有了稿件的文字语言,有了话题的详细提纲,有了节目的性质任务,有了编导的指挥把关,我们就可以不加考虑了呢?事实证明,那是绝对不行的。

首先,恩格斯所说的倾向性不应特别地指点出来,而应该自然地流露出来。倾向性愈隐蔽愈好,当然是非常正确的。但是,他丝毫没有否定倾向性的意思。如果理解为倾向性愈少、愈小就愈好,那是错误的。无论从哪个方面,用什么样式,用什么手法,有何种风格,总会带有自己的倾向性——政治的、文化的、道德的、艺术的等。任何标榜"客观"的传播,把倾向性和客观性对立起来,认为倾向性愈强,客观性便愈弱,不过是一种不清醒的意识。别林斯基指出:"客观性不可能是一部艺术品的唯一优点,这里还必须有深刻的思想才成。"这深刻的思想,并不排斥客观性,却蕴含着无可回避的倾向性。

其次，无论是文稿还是腹稿，在还没有转化为有声语言的时候，都存在着表意、表情等方面的多向性。一旦形之于声，作者的意图、内心的愿望都存在失落、扭曲的危险。为什么有人读悼词竟令人发笑、念菜单会使人落泪？虽然原因有多种，但那声音的走向和态势正说明对目的的顺从、对目的的依附，哪怕牺牲词语的本义竟然也在所不惜。既定的目的，无论如何也不会放任语言的自流，无论如何也不能放弃话语的规范。这正是有声语言独特的品格和潜质，是有声语言创作必须严格遵守的法则和契约。因之，我们理应自觉地去认识和把握它，而不要企望用主观意志去改变它。

再次，有声语言创作的依据，或者由文字稿件转化而来，或者由内部语言外化而来，创作主体都不能缺席或失语，不应"胸无城府""人云亦云"，而要使用自己的话语权，把思想道德、是非爱憎、分寸浓淡等的扬弃、取舍的重任承担起来，确实发挥有声语言的巨大功能，精确地揭示文本的精神实质，把握语言链条的逻辑路径。只有十分明确的目的，才不会拘泥于文本的词语篇章，才会打开有声语言创作的新天地。

我们强调目的的明确性，意在澄清忽略目的、只看内容的模糊观念，克服只看表面、不抓实质的浮躁心理，完全没有"揠苗助长"的意思。因为，目的就在深入理解内容的过程中，在提炼主题的钻研过程中。但要做进一步的挖掘、高一级的升华才能获得。

其实，把握层次、主题、背景的历程，就是在为目的的明确做准备，就是在为目的的明确进行新的跨越。我们所说的目的，也可以叫作"播讲目的"，它使我们在播讲中，心知肚明，时刻围绕，不离不弃。这就是"有的放矢"。

从客体对语言活动的接受看，也仍然要求播音员有明确的目的。毛泽东同志在《对晋绥日报编辑人员的谈话》一文中就指出过："群众知道了真理，有了共同的目的，就会齐心来做。"这难道不适用于播音么？无的放矢的播音，使受众如坠云雾之中，到哪里去寻到"共同的目的"呢？我们不能借口受众的分析、判断力而放松自己对目的的把握，更不能用"让受众自己去思索"来代替播音员有声语言应有的功能。

这里，我们强调目的的明确性，意在澄清忽略目的、只看内容的"买椟还珠"的糊涂观念，完全没有"揠苗助长"的意思。

目的就在内容中，就在主题中，我们在开掘之后才能获得。想不费吹灰之力，只能停留在文字语言的表面。明确目的的过程，是一个艰辛而愉快的过程，叫作"入之愈深，其进愈难，而其见愈奇"（王安石）。

层次、主题、背景的理解和把握就是对目的的开掘过程。而目的的明确又是对稿件理解和感受的再一次飞跃，使我们对稿件的认识达到新的高度，使我们更为自觉地进行宣传。

播讲目的,主要是指在德、智、体、美方面所要实现的社会意义和作用,所要达到的预期效果,所要遵从的引导方向。所以,我们应该具体把握目的的准确性、纲领性和感染性。

播讲目的,是主观和客观的结合,它既是创作进程的指南,又是创作行为的纲领;它既应是创作主体主观愿望的结晶体,又应是及于受众、感染受众的凝聚点。它和主题的区别,主要在于深度不同。主题是文本内容的中心,而目的是这个中心的精髓,是以中心为结构性依托,进入功能性范畴的提升,从而变"静态"为"动态",变"行动意向"为"行动指向",从而极大地激发出创作主体的生命活力。

下面这篇文字,在播讲目的上,可以作为典型个案:

一颗高贵的心

2009年12月18日的早晨,湖北省黄石市铁山区三岔路村的拾荒老人郭冬容,身上带着冬日清晨的露珠,走过平日走得烂熟的拾荒路。对这位年逾七旬的老太而言,这只是寻常一天的开始,然而,一个意外的邂逅却让这一天在她的生命中变得不寻常。

当她像往常一样,拎着篮子向离家不远的尖林山走去时,忽然在路边的水沟旁发现了一个鼓囊囊的塑料袋。她原本以为是别人丢在路边的废品,可打开之后,却发现里面是一大包钱。

郭老太用篮子盛着这个装满了钱的袋子,蹒跚着走了一个多钟头,终于见到了铁山区公安分局的值班民警。民警和老人一起清点了这袋钱,总共有7000元。郭老太带着值班民警去现场做了勘察,然后又一起返回局里,按照规定做了笔录。

办完所有手续后,已经是上午9点多钟了。这时,郭老太很不好意思地对值班民警说:"同志,我还没吃早饭呢,你可不可以借我一元钱,我买两个馒头吃?"

所有在场的民警都震惊了,他们眼含热泪,纷纷掏出口袋里的钱往老人手里塞。可老人坚持只借一元钱。她说:"两个馒头只要一元钱,你们快去找失主,把钱还给人家!"

面对7000元,相信任何人都会有瞬间的心动,更别说是一位拾荒者了。没错,郭冬容老人就是位拾荒者,她缺钱,一块钱两个馒头,这样一顿再简单不过的早餐,她都没钱买。7000元,在她眼里无疑是个天文数字,这笔钱足够她吃20年的早餐。然而,她却丝毫不为所动。对她来说,这是不义之财,如果据为己有,她会于心不安。因为她知道那位粗心的失主可能正心急如焚地四下寻找呢——这笔钱可能是一位农民工兄弟在外辛苦一年的全部所得,也可能是一位农民父亲砸锅卖铁为儿子或女儿准备的学费,甚至还有可能是一位卧病在床的患者苦苦等待的救命钱……

这是2009年岁尾最感动我的一个故事,它让我在这个寒冷的冬天里见证了灵魂的高贵,感受到了人性的温暖。

这个文本,有叙述,有议论,朴实无华,言简意赅。主题是"赞叹拾荒者高洁的灵魂",那么播讲目的如何概括呢?在物欲横流、唯利是图的风气里,在芸芸众生中间,依然存在着崇高的、大写的"人"。这位拾荒者一贫如洗、饥肠辘辘时,却能拾金不昧、急人之难!比之杜甫的"安得广厦千万间,大庇天下寒士俱欢颜"之思,比之白居易的"安得万里裘,盖裹周四垠;稳暖皆如我,天下无寒人"之想,这种良知善行不是更能振聋发聩吗?那些骄奢淫逸的人,那些贪得无厌的人,难道不自惭形秽吗?我们可以这样概括播讲目的:"真诚为他人,善良自在民心!"真诚是民族根,善良是民族魂!民族复兴、国家富强,皆系于斯!"民知有所不可,则天下不可以敌,甲兵不可以威,利禄不可以诱。可杀可辱,可饥可寒,而不可与叛。"(苏轼《策别十二》)我们的人民是多么可爱啊!

在准确性、纲领性、感染性的认识和把握中,主题往往会站出来说:"彼可取而代之",硬要把目的挤到一边去,似乎主题充当主宰是能够胜任的,是很重要的,就是为达到目的充当基石。但是,主题不必也不能担当目的的重任。为什么呢?

第一,任何一篇稿件的主题都是从稿件中就能分析、概括出来的,几乎不需要旁证佐证。

第二,主题只与历史背景、写作背景有关,经历久远的年代也不会变更,而与播音背景几乎很少有直接关联。

第三,主题只对稿件负责,只关心稿件的取材、剪裁、结构、语言等,却很少关心受众的心理动向。

第四,主题只注重自身的明确、具体及行动,毫不考虑另一篇稿件、另一个主题,因此,或多或少地带来"唯我独尊"的毛病。

第五,主题的表述,长期以来给人以清醒但冷漠、概括但抽象的印象,与文字语言的缺点不无关系。有声语言不能满足于这种状况,必须不落窠臼,跳脱出来,加强自身的高深性要求。

而播讲目的,正是在这些点上使稿件更活脱、更灵动,同时也更有感染性。

只是在现实需要稿件的时候,只是在播音创作主体感觉到、认识到现实需要播出某篇稿件的时候,播讲目的才显露出它的社会功能。我们可以借用一个成语,那就是"借花献佛"

稿件是朵花,并不一定是播音员自己的东西,但播音员可以借此献给受众。播音员的创作就在这个"借"字上,就在这个"献"字上。"借"可以引申为"凭借","献"可以引申为"传达"。

播音员凭借的稿件有两类:一类是历史性的,一类是当今性的。历史性的稿件,是一种根据今天的需要给以再发表,虽然时过境迁,但内容上、形式上还有值得借鉴、值得强调的东西。因此,借历史之花,献今日之佛,不能不考虑目的的现实性任务。这时,要防止以今人之心改"古"人之意,要避免以今人之身陷"古"人之境。在目的中,更多的是智育与美育的因素。

当今性的稿件,特别是新闻类稿件,历史背景的主要方面、写作背景与播音背景差异很小,主题与目的在一定程度上是胶着在一起的。但仍要使主题升华为目的。借今日之花,献今日这佛,貌似简单,实则不易。加里宁所谓宣传要"击中时代的弦",已经告诉我们有的放矢要箭无虚发的道理了,我们怎么"手中有花,目中无佛"呢？又怎么能"只见花色,不闻花香"呢？目的是稿件的灵魂,在当今性的稿件播音中,将赋予稿件的心脏——主题以更深沉、更鲜明的活力。

目的的表述,是多种多样的。一般常见的,如"打破唯文凭论,自学成才很可贵""祛除崇洋心理,激发人们的自豪感""敦促大型商场改善经营作风""要敢于坚持语言规范化""给人以空阔、旷达的美感享受"等。这些表述,还要结合稿件的内容和主题,才显得准确;还要因稿件的角度、针对的问题而有所改造,才显得更有感染力。《西皮流水》的播讲目的是:"成为京戏的知音,让生活充满乐趣！"也可揭示京戏的艺术韵味,也可比对感官刺激的低俗……

在播讲目的的表述中,充溢着创作主体强烈的主观愿望,这种主观愿望,我们称之为"播讲愿望"。

播讲愿望植根于对广播电视语言传播的高度责任感,参与现实生活社会实践的积极性,和为全中国人民服务、为全世界人民服务的使命感。

播讲愿望具体产生于对创作内容的深刻理解、深切感受,特别是对播出背景、播讲目的的准确把握、生动体会。

播讲愿望就像战士的求战情绪、胜利期待一样,有了它,便会引发勇敢作战的主动性,便会产生不达目的誓不罢休的顽强性。播讲愿望可以促使我们高标准、严要求、力排干扰、全力以赴地进行创作。为了显摆自己"声音好""技巧高",为了露一手、拿一把,那只是低级趣味的个人欲望,根本不是我们所说的播讲愿望。至于空洞的、做作的播讲愿望,往往给人以虚张声势、假模假式的印象,同由衷的、活跃的真实愿望大相径庭,也是不可取的,应该避免。

第五步:重点

由层次、主题到背景、目的,似乎离创作文本远了,事实上,却使我们的理解和感受更深了。我们已经深入到文本的精神实质里了。深入到精神实质之后,一定还要返归于文本,落实到文本的词语篇章里去。而重点,恰是目的落实的关键环节。

创作文本的各个部分、各个段落、各个小层次,都不会是同等重要的,总是有的重要些,有的次要些,有的更重要些,有的更次要些,有的极为重要,有的极为次要。那最集中、最典型地表现主题的地方,那最得力、最生动地体现目的的地方,那最凝聚、最浓重地抒发感情的地方,那最直接、最深切地感染受众的地方,就都属于重点。

一般说来,那些重要的地方,都是整体当中下气力、花功夫详加叙述、着力论证的地方。那些简单粗略、一笔带过的地方,都不会是重点。所谓"泼墨如云"之处,便是重点,而"惜墨如金"之处,当不做重点。但这不是绝对的。有时,那些着墨不多的点睛之笔,那似乎与题旨无涉的闲漫之笔,反倒是撷英集萃之所在。不过,切忌把那些兴味索然的粗直浅露之处当作重点,那些信手拈来,现成套用,并无蕴藏,类似标语口号、流行口头禅的东西,是低估了受众的理解力而硬贴上去的。初学者,误以为是鲜明的概括,便当作重点,可是受众得到的,除了空洞的概念,毫无启发。

目的的落实,从较大的单位讲,要突出重点部分、重点层次、重点段落;从较小单位讲,要突出重点小层次、重点语句、重点字词。两方面不可偏废,都要照顾到。

重点的把握,大体有两种情况:集中和分散。

集中,是指重点只集中在某个部分、某个层次、某个段落,以至某个小层次。其他部分、层次、段落,都是非重点。

分散,是指重点并不集中,而是分散在几个部分、几个层次、几个段落、几个小层次,重点和非重点交叉混合在一起。

集中或分散,不是整齐划一的。重点集中,但是在非重点的部分、层次、段落里,也可能存在重点小层次、重点语句。重点分散,也并不是平均分配,较大单位里不一定都有重点小层次、重点语句,而且绝对不会数量相同。千万不要为重点而重点,失去目的落实的根基;千万不要为突出而突出,转移目的落实的方向。

《西皮流水》的重点是第三部分,其中,第7自然段的第二个小层次和第8自然段的第三个小层次尤为重要。

《一颗高贵的心》的重点是第二个部分(第2、3、4自然段),而第二个层次的第3、4自然段和第三个层次的第5自然段尤为重要。

初学者常见的毛病,就是不知道哪里是重点,看起来哪个地方都重要,哪一句都是重点。如果目的贯穿线已经清楚,那就要在"主次关系"上,仔细琢磨。主和次,正是重点和非重点的关系。都是重点,就没有了重点;重点只是"鹤立鸡群",失去了非重点的支持和辅助,那也就成了"孤军奋战"了。

重点和非重点,主和次,是对立的统一,缺一不可,相辅相成。一般情况下,目的就如一根红线,把各个语句贯穿在一起。重点句子好像大珠子,非重点句子好像小珠子。色彩不一、大小不等的珠子构成完美的艺术品。播音员如果分辨不清,把握不住,就会出现散乱的现象,谈不上"绿叶扶红花""烘云托朗月",只是端给受众"一盘散沙",除了技巧的原因之外,主次关系不清楚,不能不说是一个重大失着。只有"嘈嘈切切错杂弹,大珠小珠落玉盘",才会产生色彩斑斓、声音起伏的效果,才可能构成完美的艺术品。

重点确实是目的的落实,没有重点或重点模糊,就不能显示目的、落实目的。这是有声语言创作质量高低的大问题,绝不可掉以轻心。

只抓小单位的重点,或者只抓大单位的重点,都会使目的模糊。较小单位的重点容易被看到,较大单位的重点不易把握。我们主张从较小单位入手,从较大单位着眼,两者相互观照,二者一同把握,以避免因其单位小而拘束,因其单位大而空泛。

这里,我们还没有涉及语句内部的主次关系,但那道理是相同的。

有声语言创作主体,就像三军统帅,不但了解每一个士兵,而且熟悉各个单位的骨干(即重点),在布阵出征时,就能知己知彼、运筹帷幄、指挥若定、决胜千里。

第六步:基调

从层次、主题、背景、目的到重点,我们不仅在思考布局谋篇、功能结构,而且,我们思想感情的潮水,也必定在时起时伏、汹涌澎湃地奔流着。清晰的层次结构、鲜明的主题思想、聚集的背景性状、准确的目的方向、切实的重点连缀,都融会贯通、蓄势待发。

这时,还应该把它们加以整合,形成"基调"。

基调,从文本的角度看,是指有声语言创作的基本格调、整体情调。就稿件、话题来看,自然有它们自身的基调,成为我们认识和体会的基本依据,但归根结底,还是——只能是有声语言表达中那总的思想感情的色彩和分量,即"播音基调"。播音基调是有声语言创作主体的基本感受、基本情绪、基本态度、基本心态。它可以不同于文本基调,但一般情况下是一致的,有差别甚或相反的情况很少出现。

基调,首先要澄清的是概念。它不单指声音的高低,不单指力量的大小,不单指速度的快慢,不单指音色的好坏。它是指创作主体所能左右、所能驾驭的总的思想感情,是这思想感情的色彩和分量。每一句话、每一段话,都有思想感情问题,也都会给人以各种色彩、不同分量的印象。如:有的昂扬有力,有的深沉坚定,有的悲愤凝重,有的喜悦明快,有的豪情舒展,有的细腻清新,有的热情颂扬,有的愤怒批判……这都属于基调问题。

《西皮流水》的基调:描写真切,兴味盎然,朴实舒展。

《一颗高贵的心》的基调:叙述平和,深情赞美,诚挚评说。

我们所说的基调,特别强调"总的"或"基本的"感情色彩和分量。并不意味着每一部分、每一层次、每一段落、每一小层次都是一样的思想感情的色彩和分量。由于内容的差异,有声语言创作主体的思想感情肯定会发生各种变化。在思想感情变化时,就产生了有声语言色彩和分量的差异。这差异恰恰契合内容的差异,从而呈现出整体统一又有变化的格局。

基调统一,是说整个创作不可以脱离基调的制约,不能南辕北辙,不能随心所欲。但是其中又有变化,而不是单调、贫乏、毫无生气的。而且,其中还包含着地域、群体、语境、主体的特点风格等,涉及美学方面的问题。这些,虽不在本书范围之内,却也需要点出,以免缺漏。"基调统一又有变化"这个辩证关系,一定要十分注意,它关系到创作的成败。

把握基调,主要是关注思想和感情这两个方面,关注色彩和分量这两个角度。思想必须坚持正确和深刻,感情必须达到贴切和丰富。单纯的思想往往过于理性,单纯的感情往往过于感性,都远不如融合一起。色彩必须表现多样和鲜明,分量必须显示恰当和区别。只有色彩,容易眼花缭乱;只有分量,容易单调呆板。这些,在以后的论述中,还将有详细的说明。

以上,我们论述了创作准备的"六步"。一篇稿件、一个话题、一个节目,作为一次创作,"不打无准备之仗"是多么重要!

关键是这六步的内在联系,到底如何认识?

这六步是步步为营的关系。每一步都有存在的理由,都有自己的内涵,都是其他任何一步不能包容和取代的。

这六步是环环紧扣的关系。每一步都以上一步和下一步为依托,是上一步的深入,是下一步的基石。任何环节都不能省略,哪个环节也不能轻视。

这六步是层层递进的关系。从开始对创作依据的了解，考察构成的序列，归纳中心思想，进而开阔视野联系背景，提升认识明确目的，再返回文本确定重点，总体把握基调，步步跟进，顺势加强。

这六步是提纲挈领的关系。层次和主题，在文本上铺陈推衍，紧紧依靠具体内容和叙述形态，须臾不能离开。背景和目的，超越文本内容和形式，放开眼界，在更为广阔的视野里，发现宏观和微观的链接，并凝聚成为核心观念，然后再高屋建瓴地俯瞰、统观文本。重点和基调，是在社会的广度和时代的高度引导下，以文本为落脚点和归宿，进一步凸显主次关系，更进一步晕染色彩、掌控分寸。这就实实在在地厘清并内化了"提纲"和"挈领"的价值与意义。

这六步符合一般追问的程式："是什么""为什么""怎么样"，由此，就形成了有声语言创作所独有的创作思想、价值取向、思维路径、心理定势、语言趋向、研究方法和成果预设。

不要以为它是"走过场"可以应付的，不要以为它是"图省事"可以完成的。初学者一定要扎实学习、经常思考，对每一次准备都严格要求，对每一步准备都毫不含糊，严肃认真，一丝不苟。经过长期熟悉、刻苦训练、深入理解、驾轻就熟，就会养成习惯。当你遇到各种问题的时候，都可以用这六步加以审视：要知其然，还要知其所以然，更要知其何以然。

这六步，由于习惯成自然，建立了"成于外而化乎内""熟于心而溢于言"的灵动机制，竟可以达到"纵横捭阖""左右逢源"的境界。一旦占有可用资源，就能随机应变，从六步中的任何一步插入，甚至从一个细节、一个立意、一个问题、一个感悟等开始，然后在"循环往复"的思维链条或感情抒发中，将六步的每一步做到严谨活跃，进而完成整体准备；一旦遇到紧急情况，要立即播出，当然不允许仔细准备，那就"三步并作两步走""六步并作一步走"：只抓轮廓，只看重点和基调，甚至边想、边说、边看、边读，在播出的过程中，进行即时的创作。这时，是对创作准备的严峻考验，是对"六步"生疏还是熟练的即刻检验。只有反复锤炼、真正养成习惯的时候，才能做到这个程度，"从心所欲而不逾矩"。当你认为这六步太烦琐的时候，当你认为这六步不需要的时候，你当然可以另辟蹊径，另起炉灶。但是，那也同样需要有个一定之规呀，也得有个章法呀！总不能"随心所欲"吧？

以上，我们简要地阐述了备稿六步。在播音创作中，备稿虽是重要的一环，但不能以某种方法对待，已如前述。所以，我们没有详细论述，但愿不会因此而给人造成轻视备稿的印象，甚或提供理论脱离实践的论据。

我们要求每一位同学严格按照六步进行备稿，并写出分析笔记。值得警惕的是，这六步是初学者的阶梯,而不能看作或竟变为草草了事的过场。走过场,貌似完成,实际上起不到备稿的作用,笔记也就成了"八股文"。事实上,成熟的播音员在运用这六步时是很见功力的,即使"六步并作一步走",也不浮泛。

"备稿六步"中最关键的是明确宣传目的和针对性。明确宣传目的和针对性,对播音有重要的作用,简约说来,有以下几个方面:

(1)可以更具体地领会编辑意图,更准确地体现党的方针政策,把握政策分寸,使我们的播音鲜明深刻;

(2)可以更确切地理解和感受稿件的现实意义,更敏锐地把握当前形势的发展变化,更有力地教育和鼓舞广大听众、观众,使我们的播音有的放矢;

(3)可以更集中地抓住稿件的精神实质,更主动地驾驭稿件的主次关系,更恰当地突出重点,使我们的播音纲举目张;

(4)可以深化具体感受,激发播讲愿望,加强对象感,把思想感情的运动状态引到正确的方向,使我们的播音有感而发;

(5)可以使播音员专心致志、精神集中,恰如其分地运用表达方法,吸引和感染受众,使我们的播音引人入胜;

(6)可以排除杂念,防止目的转移,以广播电视宣传的大局为重,不致陷入细枝末节中去,使我们的播音境界高远。

我们所说的对宣传目的和针对性的明确,是播音员心领神会的"心中物",不是纯理智的、标签式的东西。

无稿播音,要抓住提纲、简语和有声语言的组织成形,想好再说,边想边说,同样有各种要求。应重视思维轨迹和言语轨迹的和谐,切忌说完再想的现象。

快速备稿,注意边看边理解边感受边说,着意于重点和基调的把握,大笔勾勒,舍细微而取轮廓。

初学者在学习创作准备的六步时,一定要具体实践。每一篇稿件,每一个话题,都需要做"分析笔记",按部就班地一步一步写下来,最好反复推敲,字斟句酌。尽量写得准确,尽量写得简要。还可以进行讨论,大家各抒己见,热烈辩论。经年累月,习以为常,收获肯定积淀为财富,成果必然表现为精品。

➡ 知识梳理

创作准备,是指创作主体在创作之前所做的一切准备工作。为了把握宣传目的,播音员必须认真备稿。备稿包括广义备稿和狭义备稿。广义备稿是指不断地学习和积累。狭义备稿是指播音前具体的准备过程。狭义备稿有有稿和无稿两种情况。有稿播音要尊重原稿,没有差错,语流顺畅,有声有色。无稿播音要打好腹稿,形成要点,心中有数,胸有成竹,以便出口成章。总之,有稿播音锦上添花,无稿播音出口成章。

备稿六步。第一步:层次。所谓层次,是指文本的布局、结构。归并,就是把内在联系比较紧密的段落归并为一个层次。划分,是指把一个自然段里的内容划分为几个小层次。

第二步:主题。主题是中心思想。主题要明确,要具体,要有很强的行动性。

第三步:背景。背景包括三个层面:历史背景、写作背景、播音背景。播音背景指上情、下情,意识形态的主流、支流。

第四步:目的。播讲目的,主要是指在德、智、体、美方面所要实现的社会意义和作用,所要达到的预期效果,所要遵从的引导方向。

第五步:重点。重点的把握有两种情况:集中和分散。集中是指重点只集中在某个部分、某个层次、某个断落,以至某个小层次。分散是指重点并不集中,而是分散在几个部分、几个层次、几个段落、几个小层次。

第六步:基调。基调是思想感情的色彩和分量。

思考题:
以《一颗高贵的心》为例,简要说明"备稿六步"的内容及其关系。

第六章

具体感受

第一节　形象感受
第二节　逻辑感受
第三节　具体感受与整体感受

形象感受和逻辑感受都是具体感受。

把各个环节的具体感受综合起来就是整体感受。整体感受是播音创作的基石。

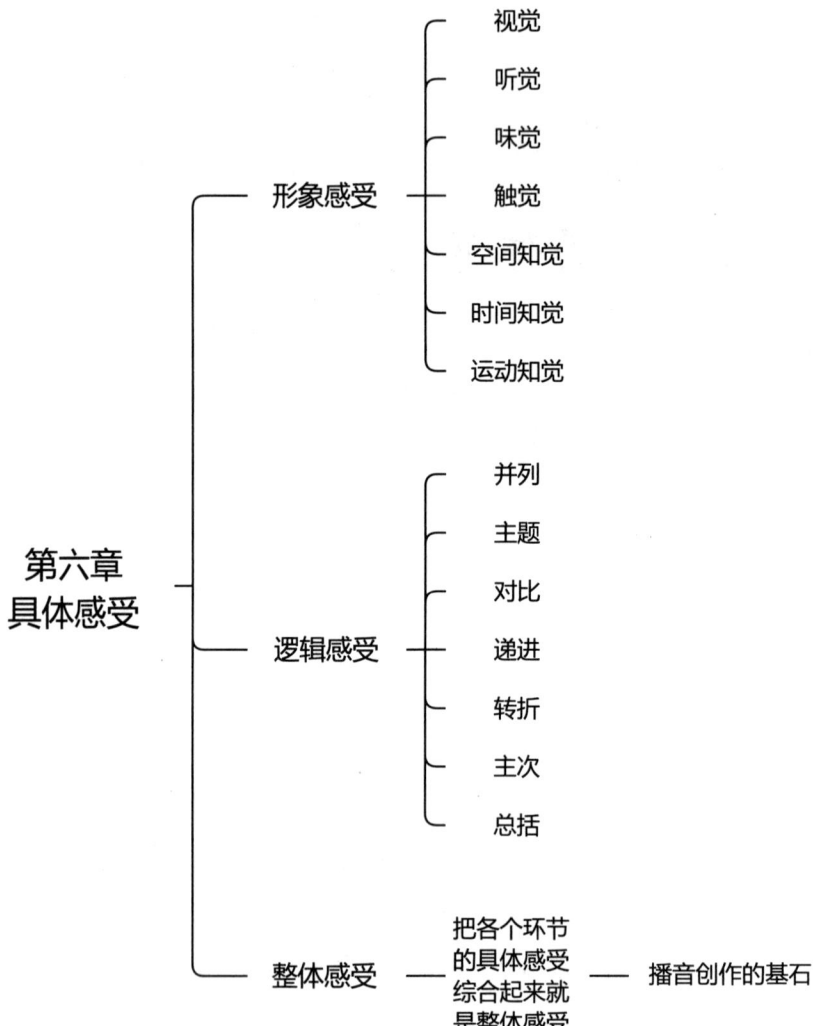

第六章 具体感受

播音员备稿和播音，面前是一篇一篇白纸黑字的稿件，或者是一串串词语序列连续地在脑海里涌现。"词语"是播音员的直接刺激物。但是，词语作为语言符号，作用于播音员的，主要是它所代表的客观事物、所蕴含的实际意义。它不同于人们直接看到某个对象、某种事物。这正是人类高级神经活动的一个质的特点，是人所特有的"第二信号系统"。

语言符号，包括字形、字音、字义，连缀成词、词组、语句、篇章。根据语言符号，透过音形捕捉字义。弄懂这个字、这句话的意思，不能不属于理解的范围。含意不清的语言容易造成歧义，这是常见的现象，训诂学由是而显得必要，也说明了这一点。

但是，播音学不是训诂学，它不容许停留在辨字析义上。因此，理解字句不过是不可缺少而又极为浅近的一步。有很深修养的播音员对此简直可以略而不提。

事实上，随着这浅近的一步，长期经验造成的字形或字音同字义的紧密关系，就使我们产生了由此及彼、由表及里的某种感受。

对播音员来说，感受就是感之于外、受之于心的意思。感之于外，不是只感受到文字或语言的存在，而是透过语言的符号感觉到这符号所代表的那具体的客观事物的存在，当然包括世间的一切事物。正因为语言的符号打开了现实的大门，播音员才可以接受外界的各种刺激，从而受之于心。受之于心，就是指客观事物对播音员间接刺激所产生的内心反应。

感受，是播音员因语言符号达于客观事物从而接受其刺激产生内心反应的过程。它是语言符号的生成物。但是，这不是必然的。如果播音员舍弃了第二信号系统与第一信号系统的联系，仅仅停留在字句的理解上，既不达于客观事物的现实存在，更不接受其刺激，毫无内心反应，那么，感受便会被抑制，字句的含义便会概念化。

由此可见，感受是播音员主观能动性的产生，不是任何播音员、任何时候都可以生成的。这主观能动性有经验的积累因素，也有先天的某种素质因素。那种把具体感受看作"见字生情"的同志恐怕应该打消这个顾虑。

感受，从文本中来，并要溶化到声音中去，在这个过程中，始终不渝，因此，理解的深化，感情的积聚，也同样是反复推进的。忽略了这一点，往往使人惑于一时，迷于一点，不能取得佳境。

所谓惑于一时，或是满足于初步感受，并因其珍贵而徘徊徜徉，不愿也不敢越雷池一步；或以第一次感受为标准，看不到更高的要求，总想再次捕捉，一旦失去，追悔莫及。我们说，初步产生的感受，是可贵的，因为它使我们脱离了冷漠状态；但它还应更深刻些，更丰富些，以便向高深性前进。这样，才会巩固它，才会深化它，而不会浅尝辄止。

所谓迷于一点，犹如坐井观天，囿于一词一语、一景一物，打不开局面。对播音员来说，这是会因小失大的。如果感受到的那一点是稿件的重点的话，也要扩展开去；如果那一点是无足轻重的话，就要借以发挥，引向重点。这样，才会有利于表达。

这里，我们要较为详细地讨论感受的范围和作用，所以我们把感受分为形象感受和逻辑感受两大类。

第一节　形象感受

由语言符号引起的感受不能不是具体的，这具体包括感受、知觉方面的多种情况。由于我们并未从客观事物的直接刺激中得到什么，因此，任何感觉、知觉都不过是第二信号系统作用的结果。

视觉、听觉、味觉、嗅觉、触觉、空间知觉、时间知觉、运动知觉等，并不是实在刺激引起的，只不过是一种幻觉。这正是由稿件引起的诸种感知觉的内心体验。我们不必一一列举，只从播音中较为常见的具体感受里略举两例。

关于视觉感受。浅显地说，稿件中的人、事、物、景，我们要"看到"，在接受某种"视觉"刺激后产生的具体感觉就是视觉感受。斯坦尼斯拉夫斯基所说的"视像"就包含着这种情况。一条简短的新闻，有时必须有视觉感受。如：

大会堂外，雪花飞舞，春寒料峭；金色大厅里，温暖和谐，气氛热烈。

这一段，描写了人民大会堂内外的情景。我们似乎真的"看到"漫天雪花飞舞的景色，感受到了寒意；似乎真的"看到"人民大会堂的金色大厅、人群涌动，感受到了舒适和谐的温暖。

这是农历十月十六的晚上，月亮真圆啊。踏着月光走在回家的路上，我在想她——我那半床书。

那半床书是我的骄傲。小时候,家里没有一本可看的书。过年时,尚未打碎的鞭炮纸,我都会捡起来翻着看。姥姥说:"那孩子什么毛病?地上一张碎纸也捡起来看?"多年以后,我告诉孩子,我是在看书,因为鞭炮都是书卷的,那上边的几句人物对话抑或写景,抑或写事,都可以让我浮想联翩。

这一段,我们好像真的看到夜空中月亮"真圆",皎洁的光辉普照大地;好像真的看到了"我那半床书",也有"捡起来翻着看"的感觉;听姥姥问、跟孩子说,还有身份转换的感受。这些都让人从中感受到"看书"的渴求和情趣。

这时,窗外下起了雨,许多人关窗。妹妹大概睡得脖颈酸了,换了一个姿势。她有点惊,收回视线,轻轻撩拨着妹妹汗湿的头发,还拍拍她的肩膀,充满呵护的样子。她又看看窗外,注意到下雨了,伸出手到窗外探了探,又把手放在妹妹的背上试了试。大概是发觉雨水会打湿妹妹,于是她侧过身,想把窗子关好,但由于是左手,使不出力气,而右手又被妹妹枕着,抽不出来。她用力地想关窗,可还是拉不动。后来,她轻轻移出右手,换左手托拥着妹妹,并且把一个小皮包也一起拿在左手——我到此才发现的。她伸出右手,抬高,抵着玻璃窗,用力。我吓呆了,她的右手只有半截,五根指头完全没有了。她用那只半截的手用力地为妹妹关窗的一幕,震惊了我,也感动了我,我的眼睛一下子湿润了。

在这一段描写里,"我"看到的情景,是多么感人!从描述的语言中看到姐姐对妹妹体贴入微的悉心照料,一举一动的变化,特别是没有五根手指的半截右手抬高、用力的样子,我们也会觉得震惊,忍不住满含泪水。

如果只是"文字"在眼前浮现,而没有引发并强化视觉感受,就不可能产生"心潮起伏"的情状,也不会"牵一发而动全身"地连带生发出诸如听觉、触觉、味觉、运动知觉等的具体感受。

关于时间知觉感受。通俗地讲,稿件中关于时间方面的记叙,需要某种时间上的具体感受加以丰富,年、月、日、时、分、秒自不必说,季节、人生、短暂、永恒,也是时间知觉感受范围的刺激物。朱自清的《春》和峻青的《秋色赋》具体感受上的差异是明显的。当稿件上出现"一秒,两秒,三秒……"的字样时,播音员简直可以感受到时间的急剧推移,比起"不舍昼夜"的话,感受更为具体。

凡此种种，我们统称之为形象感受。

形象感受一般已经脱离了个别感知的孤立性，进入了综合感知的领域。这一点在播音中极为重要。实际上，这时播音员已经开始了形象思维的积极活跃的运动过程。

在形象感受之中，一切感知觉都处于整装待发的状态。不需要勉为其难地着意动员，只要语言符号发出信息，那几个感知觉的感受性便可一触即发。

在形象感受之中，各感知觉的互相联系、互相渗透、互相促进、互相作用也是明显的。一篇稿件之中，总是可以引起多种感受的。如：

> 小时候放学了，还没跨进家门，遥遥地，就看见我家房屋上那袅袅升起的炊烟，空气中弥漫着炊烟的味道，鼻子间仿佛飘来饭菜的香气。
>
> 进了家门，只见母亲正蹲在灶前，一把一把地往灶子里填着柴草，浓浓的烟雾似乎觉得烟道太狭窄了，呼呼地从灶脸冒出来，母亲两眼呛得通红，用手背擦拭着留下的眼泪，一会儿，饭菜做好了，我便狼吞虎咽吃了个肚儿圆。

这一段，有视觉、味觉、嗅觉、触觉、运动知觉、时间和空间知觉等，多种感觉交织在一起，而不是孤零零地"各自为政""各行其是"。哪一篇稿件，哪一个话题，都应该使创作主体的形象感受得到充分的展现，而不可截断其中的内在联系，更不可浮光掠影、无动于衷。初学者尤其要注意细微、深入地体味和检验，因为这些具体的内心感受，别人只能从有声语言中感应到，并引起类似的感受。至于深浅、浓淡、多少，那就要看创作主体的具体感受是否真切和鲜活了。"眼观六路，耳听八方"，融为一体，互补互动，就是形象感受最重要的内在需求和听者的接受期待。

形象感受，经常是无法用准确的词语来描述和解析的，因为形象感受过程中，想象（即使仅仅是再造想象）、联想（即使仅仅是类比联想），都是在心目中的"形象"的闪回与滞留、变幻与来去，及其引起、激发出来的内心反应，很难用具体词语真实地反映、表达它们。我们在形象感受中的内心活动，有时竟是"只能意会，不可言传"，这就增加了理解和训练的难度。

第二节 逻辑感受

从创作文本的结构上便表明了思路、文脉的逻辑关系，直到具体语句与上下文的衔接都毫无例外地串联在整个文本的逻辑链条之中。有些结构松散、语句跳跃的文本，创作主体也不能随遇而安，必须把它们的内在联系凸显出来，尽可能地强化那些松散、跳跃的地方同上下文之间的关联,不可中断、缺损。这正是创作主体所应具备的能力,是"锦上添花"或"出口成章"的功力理应开拓的创作空间。如果是本来就十分严谨的文本,由于创作主体驾驭能力的薄弱而搞得支离破碎,必然使文本黯然失色。这说明了锤炼语言功力不可或缺。

对创作文本进行分析,任何时候都不能没有逻辑感受的参与,不然,有可能会造成主体的缺席,给人以"简单的念字出声"的印象。

逻辑,不论是形式逻辑(演绎、推理)还是辩证逻辑(肯定、否定),都是关于人类思维规律的科学。创作主体从"备稿"伊始,自己的思维便进入了作者(包括自己)写作时的思维过程之中。认识不到这一点,创作主体的思维活动就会无所依存,甚至以己之心度作者之腹,远离了具体的语境,改变了文本的客观性,掺杂了某些主观随意性。

对于文本自身的逻辑链条,认真的创作主体自然不会有丝毫放松,肯定会倍加细致地分析。但是,实践中最容易出现的,是相当冷漠,似乎让人觉得"于己无关"。这是为什么呢?从历来的有声语言表达看,问题往往是只停留在"理性认识"上,而没有或缺乏"逻辑感受"。

逻辑,还要"感受",似乎矛盾,实则紧要。现实生活中不是常见这种情况吗:"谁?……噢,是你呀!""我吃块糖吧!……咳,我又忘了,大夫不让我吃糖。""你可以骑车去,但要慢一点!"这些话里,"噢""咳""但"都表示逻辑关系,其中的递进、转折等,都需要真实而具体的感受。

有声语言创作中,逻辑感受是在符合思维规律的思维过程中由创作主体加以再体验获得的,它不是不可捉摸的。

逻辑感受包括:并列、对比、递进、转折、主次、总括等多种感受,在有声语言的词语序列中比比皆是。但长期以来,我们只把它们看作语法结构、句法分析之类,很少看到它们在形成层次、篇章的逻辑链条中的作用。逻辑思维正是一个"过程",而在这个过程中,存在着"是非选择""方向选择""关联选择""分寸选择""浓淡选择""归宿选择"等多元、多样的轨迹。其间,几乎全部伴随着词语概念的理性观照。但是,逻辑思维又谈何容易,逻辑感受不仅是词语概念的简单揭示,而且包括内心反应的"接受—回馈"的反复过程,更是谈何容易!

逻辑感受总是具体潜伏和体现在文案准备的脉络之中,融汇和显现在有声语言的"心路"之中,也像八股文讲究"起、承、转、合"那样,一环扣一环,一句接一句,形成时松时紧的逻辑链条,引发时深时浅的内心感受,给人以"心潮逐浪高""更上一层楼"的推进感和曲折感。如果陷入具体语句而不能纵观全篇,备稿再细,播音再顺,仍然会造成"有句无章"的效果,因为在创作主体心目中,只有"点",而没有"线"。

关联词语对逻辑感受有着不可忽视的作用,即使文字语言的表述或内部语言的衔接没有或者不用关联词,在创作过程中我们也要给以补充、填充并显化、强化它们,使它们真正起到承上启下的作用。在没有关联词语而必须显露关联关系的时候,能够获得相应的逻辑感受,恰是创作主体所应具备的语言功力。

记叙文体中逻辑感受更容易被忽视,好像那内容已经自然扭结在一起了。其实,我们还是要具体把握自然扭结的各个关节,放到逻辑链条中,找到它们的实际关联,否则,连正叙、倒叙、补叙、插叙等都分辨不清,就更谈不上感受了。如:

> 整整28年,邓稼先生死未卜、不知去向。他的夫人许鹿希信守离别时相互托付的诺言,无怨无悔地痴情等待。28年后的1986年,夫妻重逢,邓稼先却因为受辐射身患重病,几个月后在妻子怀中离开人世。

这一段的三个转折点,逻辑感受一定要有明显的变化:邓稼先生死未卜和夫人痴情等待;两个28年相呼应,夫妻重逢确为好事,但不久病逝,更是急转直下。一波三折,十分感人。

论说文体中的逻辑链条也不能说引起了足够的重视。把论说文体完全纳入形式逻辑的框框中,把归纳推理和演绎推理都在创作文本中一一标明、补足,恐怕也难于形成内在的逻辑链条。这样做,很多情况下反会弄巧成拙,有其形、无其神,走向抽象概念的推敲中,偏离了文本内在的思维过程的再体验,从而无法达到加强逻辑感受的要求。如:

> 西方的一位名人有这样一句名言:"人只不过是一根苇草,是自然界最脆弱的东西;但她是一根能思想的苇草,因而我们全部的尊严就在于思想。"

这一段比喻先是肯定,再是转折,最后总括,表现了深刻的思辨力,同时,应该感受到"思想"的独特与威严。

只要我们从逻辑感受中真正获得推动文本内容变化的行进力量,就一定会在遣词造句、布局谋篇、文从字顺、明白晓畅的基础上,"从心所欲而不逾矩",任何抽象的内在联系,都会变成丰富、生动的内心感受,而且能够控纵自如、"顺水推舟"了。

逻辑感受并不止在某一篇稿件、某一个话题中起作用,就连一次节目、一个栏目的多篇稿件、多个话题,也会因之承转得当、情理和谐的。

第三节 具体感受和整体感受

形象感受和逻辑感受,是人们经常使用的两大类别。其实,我们总是习惯于"语感"的说法。语感,即语言的感受,听说读写离不开它,言谈话语也缺少不了它。语感极其广泛,又十分微妙。语感是立体的、动态的,几乎涵盖了人类所有的感受力。凡是同语言有关的事物,凡是需要用语言表达的东西,无一不是语感问题。语感的强弱,是积淀和累积的过程,跟天赋也有关。语感灵动与否,跟训练和习惯密不可分。

语感可以辨别语言文字的"对不对"、"准不准"和"美不美",可以为语言文字的正确使用,为语音、词汇、语法、修辞的顺畅、恰当、简洁、优美充当坐标和航线。语感的下意识、潜意识和感觉阈限,往往超过理智判断的范围,在"听"与"说"的过程中,时刻给以鉴别和校正。如果不能形成良好的语言定势,如果缺乏丰富的语言感受,只凭公式和定理,那就失去了光彩和韵味,失去了艺术个性和创作风格,会显得单调和枯燥。我们专注于具体感受和整体感受,就是希望播音创作主体获得精微而宏大的语感空间,使播音创作深刻感人、百花齐放。

我们说,形象感受和逻辑感受都是从具体稿件的具体环节上产生的,因此,都是具体感受。

只有具体感受是不行的,必须把各个环节上的具体感受综合为整体感受,才是一种可以作为创作基石的东西。

这里,首先是形象感受与逻辑感受的结合。形象的东西和逻辑的东西是不可截然划分的。感受便是播音员使二者兼容并蓄、并驾齐驱的法宝。

历史的发展不是可以给我们以启示吗?编年史的线和断代史的面是怎样结合起来的呢?时间的流逝不能不以年为序,空间的广阔不能不以地为属。时空的变异,怎能各执一端,不相融合呢?每一个文本都可以看成一部历史,一部既是编年又有断代的历史,逻辑感受使我们把握住整体序列的不可移易,形象感受使我们把握住分段扩展的心驰神往。形象感受与逻辑感受互相结合,把文本的序列、扩展、全貌、细节,尽收眼底。在这个时候,创作主体便可以极尽纵横捭阖之能事!

值得注意的是,各段扩展并非没有序列,犹如断代史的因年记事;全篇序列也并非毫无扩展,正像编年史的大事从详。形象感受本身也有顺序,同时,又处于全篇的序列之中。逻辑感受如果没有形象感受的补充,也会变成干巴巴的几条筋。

有时,严谨有余,生动不足,那是逻辑感受的序列性较强,捆住了各段扩展的形象感受的手脚。

有时,生动有余,严谨不足,那是形象感受十分强烈,各段扩展东奔西突,打破了逻辑感受的承接、延续的序列性,语言链条横生枝节,稿件内在联系的必然性受到随意性的冲击。

至此,我们可以认识到,具体的形象感受同具体的逻辑感受要达到完美的结合多么不易。这中间,任何脱离文本依据的偏激感受都会造成顾此失彼的结果。

应该指出，整体感受是感受的深化，而不是各具体感受的混合。形象感受中，就分布着逻辑感受的神经，而逻辑感受中，也充满着形象感受的血肉。只是在不同的文本中，有种种不同的情况，或形象感受较浓，或逻辑感受较强，显示着文本的无比丰富造成的整体感受的千差万别。

在整体感受中，当然包括对文本内容和文本形式两方面的感受。只看内容，不看形式，同只看形式，不看内容一样，都不能臻于高境界。那文体学的重要作用不仅在于认识体裁对内容的依存关系，更在于认识体裁对内容的反作用。"从内容出发"的传统观念使我们不重视形式，甚至认为有了内容就有了形式，这只不过说明了认识上幼稚。在整体感受中融合内容和形式两个方面，就为我们在理解、感受文本内容的同时，不失时机地认识和把握文本形式（当然是以体裁为主）开辟了更广阔的道路。

具体感受与整体感受中，都以文本为依据，但不可避免地掺和着创作主体个人的感知、认识、修养。那完全吻合文本要求的，便可被称为创作主体的独特感受。那不符合文本需要的，是属于杂质的东西，应该被抛弃。要重视自己的独特感受，在这方面完全允许创造性地去探索、发挥，而没有必要强求一律。初学者大可不必回避、忌讳这个问题，似乎虑及此就是好高骛远。在播音创作上要进行终生的进取。对一般化感受的满足，将造成创造性劳动的机械化。有志者必须付出艰辛的岁月，为未来的独特艺术风格的形成做好坚实的准备。

这里需要说明的是，具体感受是有声语言表达的关口，在播音创作过程中，是继理解之后的重要环节，又是整体感受的基础。整体感受是深化，不过，已进入播音美学的范畴，同独特感受密切相关，本书不作重点阐述。

→ 知识梳理

形象感受包括视觉、听觉、味觉、触觉、空间知觉、时间知觉、运动知觉等。

逻辑感受包括并列、对比、递进、转折、主次、总括等。

形象感受和逻辑感受都是具体感受。把各个环节的具体感受综合起来就是整体感受。整体感受是播音创作的基石。

思考题：

举例说明形象感受和逻辑感受的区别。

第七章

感情运动

第一节　感受、态度、感情
第二节　情景再现
第三节　内在语
第四节　对象感
第五节　情景再现、内在语、对象感三者的关系

情景再现、内在语、对象感，是从备稿到播音使创作主体思想感情处于运动状态的三种重要方法。

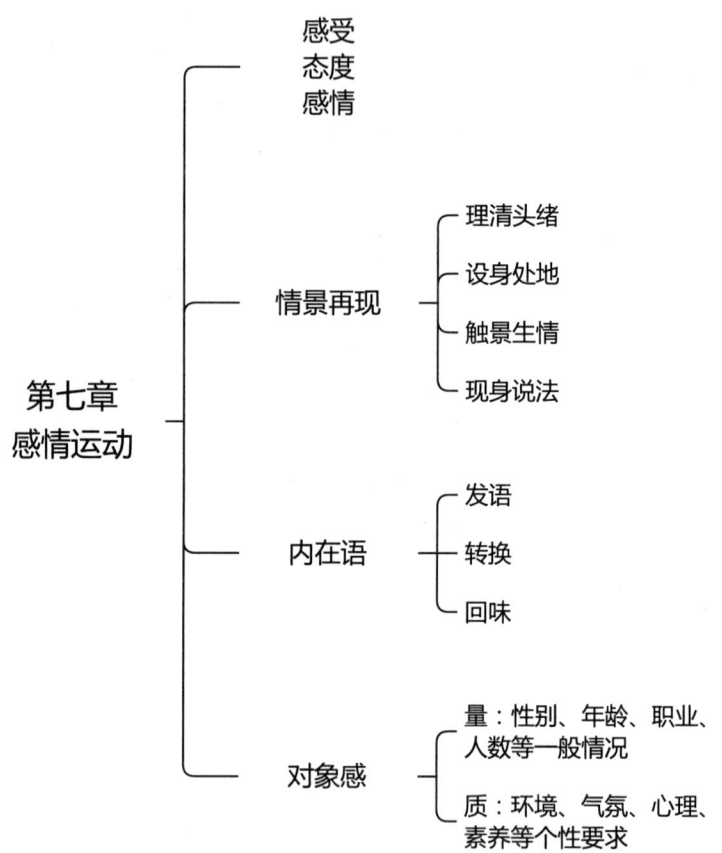

第七章　感情运动

播音既然是一种创造性的劳动,它的任务是把文字稿件或腹稿转化成目的明确的有声语言,那么,创作主体如何进行这个转化工作呢?是简单地出声念字,或者像日常说话那样任其自然?还是经过一系列的准备、酝酿,使自己的思想感情处于运动状态,再运用多种表达方法,形之于声?毫无疑问,应该是后者。

语言不但要表达思想感情,还要发挥自己的社会功能,给人以德、智、美诸方面的启迪和感染。因此,使用语言的人自己就必须在目的明确、感受具体的基础上由己达人,表意传情,或以事省人,或以理服人,或以情感人,或以美愉人。

播出的文本大部分是别人写的,而文本又有各种差异。即使是自己写的稿子,或说的是自己想好的话,也同样有一个如何表达的问题。如果有声语言不能传达出文本的精神实质,当然就起不到有声语言的独特作用。那明确、鲜明、生动的有声语言总是以创作主体恰切、丰富、饱满的思想感情为根据的。

有人说,语言是没有阶级性的,为什么还要强调思想感情呢?

我们说,不要把不同的问题混淆在一起。斯大林说:"难道这些同志不知道马克思主义者的一个有名的公式:现在的俄罗斯、乌克兰、白俄罗斯等的文化,按其内容是社会主义的,按其形式即按其语言是民族的?"这个公式告诉我们,作为民族共同语的语言是没有阶级性的,语音、词汇、语法都是全社会共有的,但以语言为工具所传达的语义,却是有阶级社会的特征的。播音是一种新闻性的工作,作为一种语言艺术,同样有思想的倾向性,有一定的爱憎,也是脱离不开思想感情的运动的。

任何阶级的人都可以听懂,但不一定能产生共鸣。

列宁说:"没有'人的感情',就从来没有也不可能有人对于真理的追求。"作为引导人们追求真理的播音倒可以没有感情么?

我们的思想感情总是随着客观事物的变化而运动着的。对什么事情都不感兴趣,对什么事情都不动感情,不过是一种偶然、相对的现象。有人刻薄地称那种"没有"感情的人为"冷血动物",不是没有根据的。创作主体应该"热血沸腾"地播音。"豪放"和"含蓄"只是风格的差别,它们的共同点都是思想感情时时处于运动状态。

有人说,战争年代过去了,和平建设时期来到了,各国的敌对情况也和缓得多了,即使对敌人,也要攻心,不必剑拔弩张了,因此,"爱憎分明"已经过时了。

撇开"爱憎分明"本来是用以代表思想感情的丰富鲜明这一点不说，单就狭义的"爱憎"来看，那也是永远不会过时的。我们不妨引几句鲁迅的话。鲁迅在《再论"文人相轻"》一文中就明白地说过："文学的修养，决不能使人变成木石，所以文人还是人，既然还是人，他心里就仍然有是非，有爱憎；但又因为是文人，他的是非就愈分明，爱憎也愈强烈。"于是他主张："他得像热烈地主张着所是一样，热烈地攻击着所非，像热烈地拥抱着所爱一样，更热烈地拥抱着所憎——恰如赫尔库来斯的紧抱了巨人安泰乌斯一样，因为要折断他的肋骨。"创作主体如果在"真、善、美"与"假、恶、丑"并存于世时，以不表示自己的爱憎为守则，难道是疾恶如仇的受众所能容忍的么？就是到了共产主义社会，我们也不应既歌颂先进，也"歌颂"落后吧？

有人讲播音时，思想感情不宜太真、太露，所以，思想感情处于运动状态并不见佳。这里，我们是同意前一半的，任何艺术都忌直、忌露，都重蕴藉，但这不是思想感情是否处于运动状态的问题，而是表达方法、表现手法的问题。取消思想感情的运动状态，的确可以既不太直、又不太露了，但随之而来的，却是平淡、冷漠，思想感情停滞甚至消失了，我们怎么能因噎废食呢？

我们要特别着重地说明：

所谓思想感情的运动状态，是指创作主体对语言内容进行具体感受的深化，是指创作主体由语言内容引发的思想感情从积聚到迸发的状态。一句话，是指创作主体的思想感情随着语言内容的发展而不断变化的状态。

思想感情的运动状态，是"心随物转"的，是以语言为依据的。有了这个运动状态，才能够谈得上"质本洁来还洁去""淡妆浓抹总相宜"！

第一节 感受、态度、感情

创作主体在一定的深度和广度上理解了的文本，由于语言的符号功能、概括功能和交流功能，使创作主体在再造想象中间接接受了外界的一定刺激，从而产生了一定的感受。但是，这种种感受一旦被创作主体体验，便会继续向纵深发展，不会停滞不前。

感受是如何向纵深发展的呢？

当文本中的人、事、物、理等被创作主体感受到之后，首先是创作主体在长期社会实践中形成的世界观对外界刺激物的估量、判断和评价。由于党的方针政策的具体指导,由于为世界上绝大多数人谋利益的宗旨的不可动摇,创作主体的态度应该是正确的、明朗的:肯定所是,否定所非,歌颂真、善、美,揭露和抨击假、恶、丑,面对广大受众,郑重、热情、平等、亲切。外界事物在文本中的反映,已由作者进行了识别、褒贬,创作主体至少不能置若罔闻,更多的时候,还要加以张扬。这张扬,并非夸大其词,而是从文本的需要、从播讲目的的需要出发,造成态度的毫不隐晦,十分鲜明。

态度总是具体的,能够体会得到、感受得到的。对一个人、一件事、一个观点、一句话、一个词……都有具体态度问题。

具体态度离不开具体事物及其环境。下雨了,一堆水泥放在露天,一位工人发现了,脱下雨衣盖好它。对这位工人,我们是热情赞扬的,对水泥是爱护的,对下雨是讨厌的。如果有的人,对雨淋水泥漠不关心,甚至幸灾乐祸,我们对他就要采取揭露、否定的态度。又如,龟裂的土地和干枯的禾苗,使人焦急;下雨了,人们异口同声地赞道:"好雨!"个别人因淋湿了衣服而骂雨,必然会受到人们的鄙视。

符合语言内容、符合文本思想脉络发展的具体态度,一定是不断变化的。自始至终都是一种态度,必然不具体、不准确,自然也不会鲜明。

态度是不是鲜明,直接关系到传播效果。态度模糊不清,肯定和否定并没有多少区别。受众虽然可以从内容上了解是非,但不能从我们的有声语言中受到更深的感染,得到更多的启示,我们的创作也就失去了意义。

态度鲜明,丝毫不意味着过分渲染和夸张,而是要求给以恰当的分寸。这首先是一个理解和感受的问题,理解得越深刻,感受得越精细,分寸才可能掌握得适当,态度也才会显得鲜明。若有人认为不夸张便是态度不鲜明,反而使态度失去了分寸感。小题大做、虚张声势的虚假感,除了容易使人发笑,还能给人什么呢?

态度鲜明,是文本精神实质的要求,是播讲目的的要求。那种把态度鲜明作为强加上去的、硬贴上去的东西而大张挞伐的看法和做法对创作主体是极为有害的。不表示态度也是一种态度,所有文本的播音中都不表示态度,并以此为唯一的态度,说明什么呢?说明创作主体是"超脱世俗"的人,世界上的事情都"与己无关"。这样的创作主体能准确地传达文本的精神实质么?我们反对"硬贴"和"强加",是指在文本包容之外,创作主体不应"借题发挥","表演"自己的态度,但绝不主张态度越暧昧越好。

态度鲜明,分寸恰当,是十分精细的生成过程,不可不区分各种复杂的情况,特别要划清政策界限。赞扬中,有不同的分寸;批评中,也有不同的分寸。肯定要肯定得恰当,否定要否定得恰当,不同的情况要有不同的对待,既表明实事求是,又显得恰如其分。

感情和态度有着密不可分的关系。感情也是一种体验,不过,作为人,作为有声语言创作主体,这种体验已经属于更高级的心理过程了。感情是一个复杂的心理过程,不论是情绪、情感、心境、激情……都属于感情的范畴,脱离了动物、脱离了低级趣味、脱离了生理和自然需要的一种属于社会需要的体验。这种体验比感受更深刻,是感之于外、受之于心的更积极、更炽热的反应。感情反映着态度的差异,反映着感受的凝聚,但更具有外射的功能、主观的特征。所谓外射的功能,由低级的反作用于刺激物发展到了主动抒发的高级阶段;所谓主观的特征,正因为它综合着创作主体的道德、理智、经验、意向的素质、素养,表现出情操、性格、毅力等个性。在阶级社会里诚然有阶级性,但总是以寓于其中的个性特征表露出来的。

自古以来,关于感情的种类有许多不同的分法,六情、七情,甚至三情,有的数目相同,名称不完全一样。不过,一般以《礼记》的说法为好:"喜、怒、哀、惧、爱、恶、欲"。我们认为,感情的丰富性是不可胜数的,这犹如世上的色彩,很少有纯色,绝大多数都是合色,感情也鲜有单一的,我们常用"感情色彩"来称道感情的多样,的确可以使内心体验形象化,既胜于文字表述,又利于语言体现。

播音,作为语言艺术,通过感受的表现来再现生活是它的一大特长。既然"感人心者,莫先乎情",怎么可能希冀以无情之语感动有心之人呢?即使稍有虚假,也会适得其反。因此,真挚和崇高,独特和丰富,永远是感情的化境。

这样,我们就获得了关于感受、态度和感情的既有区别又有联系的初步认识。值得我们注意的是,这三者在播音创作中,在思想感情的运动状态中,总是触类旁通、融会贯通的。由于人类高级神经活动的特征,"心有灵犀一点通"的具体过程极其复杂,可以成为主观意识领域的一个大千世界。在这方面,反对唯心论、唯意志论同反对庸俗进化论、机械唯物论有着同样重要的意义。我们特别强调创作主体的积累和修养,并不是表面文章,由此也可得到证实。

第二节 情景再现

的确,在播音创作基础中,那一般的心理学内容是不可忽视的。但播音怎么能仅仅是普通心理学和语言学的缀合呢?

这里,我们看看联想和想象吧。普通心理学告诉我们,联想是回忆的一种常见形式,它反映了事物的相互联系;想象是在头脑中改造记忆中的表象而创造新形象的过程,也是过去经验中已经形成的那些暂时联系进行新的结合的过程。这就是说,联想是回忆性的,想象是创造性的。但是,想象有两种:创造想象不依据现成的描述而独立地创造出新的形象;再造想象是根据词的表述和条件的描绘(图样、图解、说明书等),在头脑中形成这一事物的形象。文学家的作品,是创造想象的产物。人们通过语言获得的作品中的形象,只能是再造想象的产物。

想象也是科学家所不可缺少的。爱因斯坦说:"严格地说,想象力是科学研究中的实在因素。"认为想象只是艺术家的事,当然是不全面的。

播音创作中的想象是怎样的情形呢?

创作主体不能没有想象,而且要比一般人具有更丰富的想象力。但,文本的确定性,使创作主体的想象不能"任意驰骋、翱翔",必须以符合文本的需要为前提,以稿件提供的材料为原型。虽然文本已经规定了想象的目的、想象的性质、想象的范围、想象的任务,播音创作时尽管在具体性上不会与文本完全吻合,但那再造想象的特点是明确的。

任何一个读者都可以根据作品进行再造想象。在再造想象时,以读者的情况为转移,或无动于衷,或涕泪横流,或看完了事,或推敲再三,可与作者意图相同,也可相异;读者(专注于分析评论或决定进行播讲者除外)不可能以传播为己任,作品的社会效果到此已经终止。仅此看来,读者的再造想象作为一种心理过程随着作品的终篇,也就完结了。

创作主体在根据文本进行播音、主持过程中,不能混同于一个普通的读者,不能采取"自由主义"的态度。创作主体在自身工作过程中的感受、态度、感情是一回事,从文本中获得的感受、态度、感情是另一回事,二者统一于创作主体的内心体验中。不过前者以忠于职守为核心,后者以依据稿件为原则。创作主体对文本的开掘和驾驭,完全是为了播出,是为了让受众接受。于是,创作主体的再造想象有着自己鲜明的特点。我们认为,"情景再现"是创作主体再造想象特点的恰当概括。

文本中的人物、事件、情节、场面、景物、情绪等,在创作主体的脑海里应该像电影那样,形成连续的活动的画面;同时,这画面不可能不带有创作主体的感受、态度、感情,不可能不带有文本本身蕴含着的作者的感受、态度、感情及创作主体因此而产生的评价体验的"映象"。也就是说,从创作主体理解和感受文本中,不但感受到了其中的形象——"景",而且也感受到了其中的神采——"情",从而达到了情景交融的境界。这个过程(请注意,这里说的是过程,不是结果;是运动的,不是静止的;是融合的,不是孤立的),我们就叫它"情景再现"。

文本包含的情景,是作者对生活素材加以提炼、概括而成的,对生活来说,文本是一种"再现";创作主体的播音,是把文本中的情景再现出来的过程。在这一点上,也可以说是创作主体对生活的再现。正因为如此,车尔尼雪夫斯基指出:"再现生活是艺术的一般性格的特点,是它的本质。"

我们并不满足于这种一般的"再现",而是更具体地考察创作主体是怎样再现的。

创作主体的情景再现,由内部语言引起和制约。在语言内容的发展中,创作主体的情景再现也随之发展,不论是纵向序列还是横向扩展都不可游离于语言之外。不必显示自己"视通万里""思接千载"的能力,但一定要展现自己"登山则情满于山""眉睫之前,卷舒风云之色"的本领。

情景再现,以情为主。脑海里有了活动的画面,这只是一个方面,更重要的方面是伴随着画面引发出具体的态度、感情。有的人虽然脑海里有了活动的画面,但缺乏相应的具体态度和感情,这与情景再现相去十万八千里。斯坦尼斯拉夫斯基提出"内心视像",我们认为不周延,除了以"视"代其他感知是个缺点外,没有明确的感情要求不能不说是更主要的缺陷。我们的目的是通过情景再现促使思想感情进入运动状态,达到播讲目的。

情景再现当然不是被动的自然物,它必须通过创作主体的主动进取来获得。其过程大略如下。

第一,理清头绪

我们脑海里那连续的活动的画面开头是什么?接下去怎么变化?以后又怎么发展?结果是怎样的?哪里是横向扩展的,怎样扩展,详细到什么程度?哪里是重点的"特写镜头"?哪里是较为粗疏的"远景""全景"?哪个"镜头"大笔勾勒,哪个"镜头"工笔细描?这些,要心中有数,不可走过场,也不可陷进去。这是情景再现的基础,其中理解、感受文本的成果是不言自明的。

第二,设身处地

要把文本所叙述、描写的一切作为亲眼所见、亲耳所闻、亲身所历,进入具体的事件、场面中去,不能袖手旁观、闭目塞听。置身其中,并不是"忘乎所以",而是处于情理之内。设身处地主要是获得现场感:现场的环境、气氛等也能同时感受到,虽然不同于戏剧中的"我就是",但应该像是"我就在",这对于情景再现极为有利,对于掌握区别于"扮演"、区别于"客观"的"叙述",也是很有好处的。

文本中的情景,有的是我们亲身经历过的,如欢庆节日等;有的是没有经历过的,如火山爆发等。在没有经历过的情景中,有的是与经历过的有些相似的,有的是见所未见、闻所未闻的。由于一个人的亲身经历毕竟是非常有限的,世间的事物不可能都知、都懂,所以,我们要借助于现代化的手段,增加自己的见识。学习社会,深入生活,开阔视野,博闻强记,在观察、体验、分析、积累中,提高自己设身处地的能力,提高自己透过字、词、语句加深形象感受的能力。

第三,触景生情

当某种生活图景在脑海里浮现时,我们一定要做出积极的反应。文本是写情于景的,我们就要触景生情。只有景,是不可能达到情绪的彼岸的。

触情生景是情景再现的核心。"情绪记忆"对于类似情绪的借助是有用的,但记忆中的情绪容易消逝,借助起来容易空泛,总不如触景生情来得具体、实在。对播音来说,临时翻检记忆的仓库,也不大便捷。我们特别强调"积极的反应",那是一种"水到渠成""月移影动"的心理机制。在毫无准备的情况下,一个具体的"景"的刺激,马上引起我们的具体的"情",而又完全符合文本的要求,这不是"心血来潮",而是在刹那间动员了全部经验积累和张开了全部认识神经达到的"顿悟"。这种极高的要求只有通过极苦的训练才能达到。"守株待兔"的做法,是劳而无功的。

第四,现身说法

既然文本中的情景始终"我就在",那么,把这情景再现的过程转述出来,正是创作主体始而有意、继而实现的责任。播音员头脑中再现了文本中的情景,经过自己的消化吸收,加工制作,使受众产生某种情景的再现,从中受到感染,才算完成了自己的任务。这中间的"形之于声—及于受众",还有不少问题需要解决,后面再详述。

在通过情景再现使思想感情处于运动状态的过程中,有三个问题需要注意:

第一,必须以播讲目的为中心,避免为"情景再现"而"情景再现"的现象。在情景再现的运用上,要因主次、详略而不同,粗放时不失点染,细密时不宜庞杂。那种不顾播讲目的,不放过任何"情景再现"的机会,大搞"情景再现"的展览的播音,是不足取的。

第二,在为播讲目的服务的主要情景上,要学会用自己的经验、经历去补足和丰富,也可以用间接的经验、耳闻目睹的情况去补足和丰富,使情景更逼真。也就是说,那"景"就是文本所描述的"景",那"情"也是因景而生的具体的"情"。"景"虽此"景","情"却为彼"情",是不会合拍的。创作主体要善于抓住情景的特点,然后生发开去,才会有"神来之笔"。在情景的枝节上花力气,效果并不见佳,因为"明察秋毫之末,而不见舆薪",干扰了目的贯穿线。当然,局限于词语表面,不敢生发,也会显得模糊、肤浅。

第三,在备稿时,在深刻理解、具体感受的过程中,在目的明确、感情深化的过程中,情景再现可以达到细致入微的程度,可以占用比较长的时间。文本中仅仅是画龙点睛的几句话,我们却可以有丰富的情景再现。这样,在我们的头脑里便能留下深刻的印象、生动的情景。这时,我们要善于捕捉那"牵一发而动全身"的"一发",以利于在话筒前播出时以点带面。在播音时,只需要重新唤起备稿时的具体感受,甚至只需要抓住某一点的感受,引起思想感情的运动就可以了,而不必把备稿时的那么细致、那么长时间的情景再现过程重复呈现一遍。我们的情景再现,由语言引发出来,还要浓缩到语句中去,不能想老半天播一句,或播一句想老半天,因为这会使播音时思想感情的运动线中断,或者游离于目的贯穿线之外,或者停滞于某一情景之内,其结果,使受众莫名其妙、难以接受。

就文本所叙述的事件过程时间、空间的推移来说,播音中有声语言的表现与现实情况是不同的。有时,现实生活中一秒钟的事,有声语言可能要用数分钟表现,如心理描写、深思遐想等,对这样的内容,播音时要求细腻,初学者往往容易匆忙、粗糙。我们需要注意另外的情况,即现实生活中具体过程时间较长,而我们用有声语言表现时,却显得短促得多、迅疾得多,如奔马,在现实生活中也许两秒钟跑10米路,但播音中,连一秒都不需要。当形容奔驰的马车离小孩越来越近"30米……20米……10米"这种情景时,情景再现一闪而过,有声语言迅速播完,以表现出惊险的场景、焦急的心情。否则,从30米到20米,从20米到10米,都等一会儿才往下播,也许脑海里真的出现了马车奔驰,可这个具体过程,听起来是十分别扭的:马车成了老牛破车,小孩也完全可以躲避,感情毫不焦急,好像小孩没有危险,用不着关心一样。情景再现"细"是很"细"了,"真"也够"真"了,但失去了有声语言的贴切;"真"和"细"只不过是"自我感觉",却背离了听觉艺术的要求。因此,初学播音时一定要注意到这个特点,使情景再现真正为调动思想感情服务,为话筒前播音服务。这方面,创作主体思想感情的运动状态与受众听得明白、生动,应该是一致的,不可顾此失彼。无动于衷是不对的;自我陶醉,忘了受众也是错误的。

第三节 内在语

每一个文本所包含的具体思想感情总比写出来的文字深广得多,这是作者选择素材、提炼主题、谋篇布局、遣词造句、精益求精的结果。文本言简意赅、纸短情长,才显得深邃紧凑,余味无穷。任何时候,不可能也不必要把文本包容的具体内容和思想感情全部写成文字、表达净尽。因此,我们深入理解、具体感受文本时,不应仅仅停留在词句上,而要努力挖掘语言后面更深一层的意思,抓住语言后面的"言外之意""弦外之音"。那语言所不便表露、不能表露或没有完全显露出来的语句关系、语句本质,就是内在语;演员要支配自己的形体动作、言语动作时,也用这个方法,即"潜台词"或"潜语"。

苏联阿克肖诺夫在《朗诵艺术》中说:创作任务中,"首先要包括:确立朗诵者对作品的态度,断定那些能帮助当代人理解作品内容的内在语,并使那些内在语指导你的朗诵,达到对听众进行思想教育的目的。"①

斯坦尼斯拉夫斯基也说:"只有当人们借自己的体验从内部赋予所要表现的作品的潜台词以生命的时候,在这部作品里,同时也在演员自己心里,才显露出作品所要表达的精神实质,创作的意义就在潜台词上。"

播音与朗诵和演剧当然是不相同的,但作为有声语言的共性,都要揭示出、显露出语言的精神实质和逻辑链条,使有声语言富有创作的意义和生命的活力。

播音的内在语言有更为重要的指导作用。因为内在语除了有声语言,便没有别的显露内在语的方式。电视播音,形神兼备,也同样要重视这一问题。

播讲目的,就是整个文本的内在语,它落实在语句主次关系上,体现在语气中。

具体态度,就是不同语句的内在语,它的判断和评价要以不同的分寸来表现。

承前启后,就是语言层次转换的内在语,它通过语句的不同衔接(不论是否使用关联词语)显示出来。

如果创作主体就稿论稿,就句论句,不去开掘,不求深意,内在语便失去了意义,语言必然干瘪而浅薄。有时文本写得平庸,本身就没有什么蕴藏,创作主体当然不应该凭空编织,牵强附会。袁枚在《随园诗话》里批评苏东坡说:"东坡近体诗,少酝酿烹炼之功,故言尽而意亦止,绝无弦外之音,味外之味。"这批评也许偏激,但这样的文本,我们并不少见,硬去寻它的"弦外之音,味外之味"是近乎缘木求鱼的。但是,我们也有这样的经验,乍看一个文本,似乎平常,但经过反复分析、感受,感到味道很浓、含意不浅。这正是由表及里深化的产物。不经过反复分析、感受,便贸然断定文本贫乏,是不负责任的态度。从艺术创作的角度看,在平庸中见神奇,浅近中察深意,反更说明创作者的高超。我们运用内在语,正是在有尽之言中赋予无尽之意。看来,苏东坡的话是对的:"言有尽而意无穷,天下之至言也。"写作如此,播音也不容忽视。

---

① 阿克肖诺夫.朗诵艺术[M].齐越,崔玉陵,译.北京:中国广播电视出版社,1984.

内在语是我们对文本理解和感受的集中概括,不是冷漠的表述。文本中一般的语句,由于"词"本身的符号概括性,内在语比较清楚明了,但是,在重点和难点上,非挖掘出准确的内在语才好把握,并利于表达。重点,关乎全篇的关节;难点,属于雾里看花、扑朔迷离的情况。重点不明,难点不清,整个文本播音的根基就不牢,语言技巧的运用就会无所措手足,播讲目的和社会效果也就落空了。

内在语的把握表现在两方面:一是语言链条的承续,二是语句本质的差异。

语言链条的承续,是指语句、段落的前边或后边。运用内在语的转折、连接作用,造成一气呵成、浑然一体的效果。

(1)发语作用:在语句、段落之前,借助内在语把语句、段落播好。呼台号前,以"同志们,我们这里是——"为内在语,播出的台号可以显出积极热情、亲切自然,克服呆板、冷淡的习惯语势。

(2)转换作用:由上一段、上一句到下一段、下一句,需要转换的时候可以借助内在语"过渡"。

(3)回味作用:上文结束,不管漾开缓收,还是戛然而止,都会给人以语已尽、情尚存的印象。让受众回味什么,要靠内在语具体引发。

语句本质的差异,是语句、小层次、段落、层次的内在含义,以内在语的揭示、感通作用,造成明确恰当、蕴藉深邃的效果。一般说来,语言与内在含义是吻合的,因此,揭示语言本质的内在语是同向的,词语序列如何叙述、议论、疑问、感叹、祈使,内在语与之一致。但是,有一些语句,从词语序列上看,似乎是这样,深入挖掘后,内在语应是那样,于是便出现了内在语与词语序列的异向,即不一致的情况。这两种情况,大大显示了内在语的威力。也就可以看出,同一个语句,由于内在语的同向或异向,能够使语意不同。"向雷锋同志学习",内在语应为同向,表达肯定的意向;如果内在语改为异向,暗含"没啥必要",就会表达出否定的意向。

正因为这样,有声语言的表达功能就被内在语制约住了。播音中任何一句话,如果不准备,甚至播反了,首先要考察内在语是否妥帖。如果内在语没有错,应该再去分析表达方法上的问题。

正因为这样,内在语的把握应力求避免朦胧模糊。初学者要学会简约地表达内在语,在备稿时,尤其要注意内在语是否准确可靠。表述内在语的目的,是为了训练把握内在语的能力,而不是为了表述而表述,更不是为了写下来给别人看。这样表述比那样表述好,标准是对播音表达有利,真的在催动自己、感奋自己去准确表达。如果表述得头头是道,在话筒前播音时却是干巴巴的几个词,毫无作用,那只能说明内在语在这个创作主体的心目中不过是纸上谈兵的空壳。对内在语持否定观点的同志,以此作为自己的论据是不能服人的。

由于内在语概括表述得精确可感,在话筒前播音时,不必字斟句酌地去重现一遍,只要由此一点,唤起相应的体验即可。当走上成熟阶段之后,有时虽无具体表述,也能循序体验,准确无误。光靠自发地积累,光靠盲目地实践,是很费时日的,而究竟能否达到熟能生巧的地步,还是不可预料的。有些老播音员勤勤恳恳工作多年,也积累了丰富的实践经验,但对内在语还觉生疏,难道不是事实么?

内在语的把握和逻辑感受关系极为密切,属于逻辑思维的范畴。文化修养欠缺,往往感到心有余而力不足。不去提高文化水平,反而责怪内在语"神秘",是不应该的。

第四节　对象感

我们的播音是用有声语言播送出去给人们听的。不是对空发言,不是自言自语,更不是自我欣赏。受众就是我们的宣传对象。

但是,我们一般是坐在话筒前播音,面前没有受众,我们看不见宣传对象。

这个矛盾怎么解决呢?能不能因为看不见受众,就可以不管宣传对象,只管播音呢?不行。这样做,不能吸引人、感动人、说服人,达不到播讲目的,那种"姜太公钓鱼,愿者上钩"式的播音,不管主观如何,客观上是对宣传对象的漠视,初学者万不可以此为正宗。

我们应该有对象感。

斯坦尼斯拉夫斯基说得对:"没有对象,这些话就不可能说得使自己和听的人都相信有说出的实际必要。"不过,这里的对象是目中可见的,在剧中,是角色之间的互为对象,而播音是"目中无人",但要努力做到"心中有人"。就是说,我们心里应该有受众,为着受众,想着受众,不忘记受众。

有的同志主张用"对象交流"来说明播音中要有宣传对象,要有受众,并要和受众"交流"。我们认为,"交流"是有来有往,互为因果的意思,"来而不往,非礼也",戏剧、相声中极为突出,朗诵者、演讲者,也要与听众交流。播音员坐在播音室里,受众想什么,说什么,有什么反应,不可当即得知,只是播音员自己"一厢情愿",谓之"交流",不是欠妥么?

我们还是叫作"对象感"比较合适。那意思很明显,就是:即使面前有人,可以当面交流，但也是为了"不在场"的广大受众，因此播音员必须设想和感觉到对象的存在和对象的反应，必须意识到受众的心理——要求、愿望、情绪等，并由此调动自己的思想感情，使之于运动状态。这种情况，并不是创作主体与受众之间的语言交流，充其量只是思想感情的单向流动。作为客观存在，创作主体播，受众听，一般情况下这是不容否认的，但是，创作主体设想和感觉到的受众方面的情况，只是主观表象、意象，与客观事实不能等同。创作主体设想的受众、感觉到的反应，事实上也许是并不真正存在的，说到底，这种设想和感觉仍然是属于创作主体自己思想感情单向流动中的一个构成因素。这样看来，说是"交流"，就不免以虚代实，不能正确地反映播音创作实际了。

有对象感，就是说，任何时候我们都不要忘记，我们播音是向人民群众进行宣传，我们每一次播音都有不少受众在专注地倾听，我们宣传的内容是他们非常关心、急于知道的，我们应该努力宣传好，使他们愿意接受。如果我们不了解他们，不为他们着想，播得不清楚、不完整、不准确、不鲜明，他们就听不明白，甚至不愿意听。因此，我们在备稿时，在播音中，都应该感觉到他们的存在，时时处处为他们着想。我们感觉到，他们的确在听、在想，并且随着我们播音的内容的发展，随着创作主体思想感情的运动，产生着思想感情的共鸣。我们似乎感觉到了他们的喜悦、愤怒、悲痛、欢乐等各种反应，而这些反应，又引起了我们更强烈的播讲愿望，激发着我们更饱满的感情，于是，对象感更强了。在我们的感觉上，似乎和受众之间已经建立起互相激励、互相鼓舞的无形的"默契"，甚至感觉到思想感情似乎有所"交流"。

对象感，正是被创作主体用来作为使思想感情处于运动状态的一种手段、一种途径，属于某种联想、想象中的东西。谁如果以此为实有物，并执着地去追求它的客观实体，谁就不懂得播音创作的这方面的特点，并必然带来"谁在听，我就播给谁"的空洞结论。有对象感，绝不是说的这个意思，因为"谁在听"，播音员是无法具体窥测的。这样窥测，"谁"是什么样的人仍属未知，"对象感"肯定是消极的、被动的，甚至会成为虚无缥缈的东西。

对象感必须是具体的，只有具体的对象感才会对播音创作发挥积极的作用。因此，我们必须具体设想：这样的稿件，这样的话题，这样的形式，这样的宣传目的，在今天，应该播给什么人听？哪些人最需要听？听了以后会有什么反应？播给什么样的人听最能增强我们的播讲愿望，最有利于达到播讲目的？

对象的设想，必须从量和质两方面去进行，质的方面又是最根本的。

所谓量的方面，是指：性别、年龄、职业、人数等，有关对象的一般情况。

所谓质的方面，是指：环境、气氛、心理、素养等，有关对象的个性要求。

广播电视中的对象节目，是专为特定对象组织的节目，每一个文本都是为特定对象编写的,当然就要为特定对象播音。如:对人民解放军、对学龄前儿童、对农村等。但这只是在量的方面的某些规定,并不能解决对象感的全部问题。我们设想对象时,一定要依据具体稿件、具体话题进行具体设想。如对农村,一篇如何养好猪的稿件,是对饲养员播,还是对家庭养猪的大娘、大嫂播?是对一个人播,还是对四五个人播?有哪些共同的心理特点和具体需要?我们应从稿件出发,进行具体设想。

在非特定对象节目的播音中,同样应该具体设想对象,以便获得具体的对象感。

为了获得对象感,在量和质两方面的具体设想是相辅相成的,不可孤立对待。年龄、职业与心理特点的关系是明显的,环境、气氛与人数的关系也是很密切的。我们不能表面地去设想,或认为文本已有了限制,就不必设想具体对象了,或认为文本并无确定对象,我们何必多此一举呢?这些想法是有害的,初学者尤其要防止这类糊涂认识的迷惑。

为了获得对象感,我们应尽可能多地熟知各种对象的情况。具体对象,应该是我们最了解、极熟悉的人。我们一想起他们,音容笑貌、举止神态都时时可感、历历在心,以便更迅捷、实在地感觉到:播到这里,他们会这样反应;播到那里,他们又会那样反应……这就要求创作主体为了适应广播电视传播的需要尽量扩大生活的领域,并且深入下去,"了解各种人,熟悉各种人,了解各种事情,熟悉各种事情",同更多的人交知心朋友。毛泽东同志指出:"我们和无论什么人做朋友,如果不懂得彼此的心,不知道彼此心里想些什么东西,能够做知心朋友么?做宣传工作的人,对于自己的宣传对象没有调查,没有研究,没有分析,乱讲一顿,是万万不行的。"我们的知心朋友越多,越广泛,相知越深,我们才会了解更多的人的更具体的需要,在设想具体对象时,才会更切合文本的内容和形式,才会更好地达到播讲目的。有的播音员,生活圈子狭小,既不注意观察,更不注意积累,设想具体对象时总是千人一面,千人一心,因此,播音受到很大的局限。我们播送的文本涉及各行各业,涉及各个阶层,要把千百万受众吸引过来,我们就要设想与文本要求一致的各种各样的具体对象。

有人说,无论什么文本都设想一种具体对象,如设想为自己的亲人,就会使播音亲切。其实,这是不对的。这样设想对象,表面上似乎属于熟悉的范围,实际上,除了给自己一种笼统的亲近感之外,别无他获,而且往往会导致脱离文本要求,偏离播讲目的。"为亲切而亲切",追求"轻、柔、甜、美","低声下气",不过是对受众的愚弄,是对某些低级趣味的迎合。"亲切"不是"亲昵",设想具体对象更不是为了向受众邀宠讨好。

就某一个文本来说,我们设想的具体对象应该是稳定的、统一的,不应该这一段设想对这些人播,那一段又设想对另一些人播。具体对象的稳定,毫不排斥我们设想的具体对象以外的人听。许多成年人也喜欢听对少年儿童广播的节目,就是例子。这说明,具体设想对象是有重要的积极的作用的,不但不会局限受众的范围,抑制其他受众的兴趣,反会以播音的具体、鲜明开拓着更多的受众的审美情趣的"视野",感通着更多的受众的美感享受的心灵。具体对象的设想,犹如晶莹剔透的放大镜,以一当十,众多的受众完全可以感受到美的折光,既可以"失之毫厘,谬以千里",也可以"举一反三,触类旁通"。具体对象的设想,要以"能有"为原则,而不可以"必有"为要求。陷入"必有"的实体的追求,就会招来缧绁之灾,对播音只有束缚;渴望"能有"的实感的获取,才会引起神采飞扬,对播音大有裨益。

同一个文本,不同的创作主体完全可以设想出不同的具体对象。这是因为文本本身的对象选择上有一定的天地,而每个创作主体都有自己的经历,有自己的知心朋友,有自己独特感受的领域。初学者也要试着从自己记忆的仓库中选取、设想适当的具体对象,不可从概念出发,不可盲从。对初学者对象感的训练也不应强求一律。

在有些文本里,应该允许对象感的转移。有的文本,在第三人称的表达中,突然出现几句或一段第二人称的表达,这时,就是由"他"转到"你"的变化。这是称谓的要求。有的文本,都是第二人称的表达,不过,一段是"大娘"、一段是"大嫂"等,那也要根据"你"指代的不同人物,而有相应的转移。这里,要注意态度、感情的区别,否则,称谓变化了,却缺乏相适应的恰当态度、感情的转换,仍然不会产生好的效果。

对象感不是单单考察设想对象的问题。一旦有了具体对象的设想,同时就产生了创作主体与对象的关系问题。

创作主体与设想的具体对象的关系,一般说来是平等的、同志式的融洽关系,但不能简单地认定这是唯一的、不可移易的关系。情况是复杂的,我们当然反对"装腔作势、借以吓人"的、以教育者自居的态度,这种态度使人听而生畏,产生对抗性的反作用力,造成适得其反的效果。但是,能不能因此就"反其道而行之",去追求"屈己尊人""哗众取宠"的态度呢?"尊人"是必要的,不尊重受众是不对的,可是,"屈己"则完全没必要。屈己,作为一般处世哲学看,有一定价值;作为党的宣传员、人民的代言人,会失去郑重、真实、质朴、诚挚的品格,处处谨小慎微,使播音中呈现"祈求""小气"的色彩。在播音总体中,"不卑不亢""落落大方"应该坚持,但这不意味着该卑不卑(对设想对象的崇敬)、该亢不亢(对设想对象的轻蔑)。

对象感使我们播音时思想感情一直处于运动状态,从播音中流露出与设想的对象相符合的态度、语气、眼神、姿态。在备稿中,在播音之前,具体对象的设想就要完成。一开始播音,不论面前是否有人,具体对象就要在感觉上出现。形象也许十分清晰,也许并不明显,但对象感必须把握住,如果对象感时断时续,甚至消失,那就会造成"心中无人",影响播音的感染力。

必须强调的是,即使现场有受众或嘉宾,我们也不能放松"对象感"的把握和回馈。关键还在于创作主体"心中"对于对象的"感觉",是否真正"感觉"到了,是否真正从内心获得了。如果只是表面上"存在着"设想的对象,而内心并没有感觉到,并没有获得对象"感",那时,内心仍然是空虚的、飘忽的,无法切实得到对象"感"的刺激和反应。只有对象感是在内心"油然而生"的、"清晰可感"的,才可能发生心灵的感应,才可能产生彼此的呼应。

有稿时,字字句句都要讲究"目的地"和"归宿";无稿时,言谈话语都要追求"落脚点"和"目标"。所谓"及于受众",就是要"由己达人""及于耳际""达于脑际""化入心田"。来源于社会生活中的人际关系,基于了解和熟悉,我们也会从芸芸众生之中,选取最适合担当"对象"的个人或群体,首先活跃在我们的心目中,然后融化在话语中,进入相似、相近的某个个人或某个群体的感应圈。即便当时并没有这些个人或群体在场,也会毫无例外地被在场的广大受众所接纳和感染。对象在创作主体心目中越具体、越鲜活,就越能激发创作热情;话语的指向性越强,受众心理的接受愿望就越强。这个道理并不深奥,现在流行的"接受美学"一样在强调"读者"的不可或缺,甚至是决定性的作用。"对象感",是有声语言创作主体(即传播者)必要和重要的核心元素,需要悉心体会,精心训练。

第五节　情景再现、内在语、对象感三者的关系

情景再现、内在语、对象感,是从备稿到播音使创作主体思想感情处于运动状态的三种重要方法。

当文本中有形象性内容时,我们要在形象感受的基础上,运用情景再现,使播音中富于鲜明的形象性;当文本中有逻辑性内容时,我们要在逻辑感受的基础上,运用内在语,使播音中富于严谨的逻辑性。二者相得益彰,相辅相成。对任何一方面的忽视,就会产生那一方面的缺欠。在今天,各种文本的体裁正在互相汲取、互相渗透,不可从简单的文体分类来确定该用哪种方法。这两大方法之间也没有隔着不可逾越的鸿沟。描写里仍需内在语的把握,论据里仍需情景再现的方法,难道不是告诉我们,二者根本不是水火不相容的吗?

对象感解决播音中"由己达人"的问题。情景再现、内在语帮助我们在向具体设

想对象播讲时,把文本更积极、更生动、更清晰、更完美地表达出来,传播出去,播到受众的耳朵里,播到受众的心里。

到此,我们喊出"一切为了播出,一切为了受众"的口号,便可以把我们思想感情的运动状态推进到一个新的高度了。在这个高度上再回过头来看我们思想感情的运动状态,一切离开播出、一切离开受众的"自我激动""自我亢奋",都会使我们走入歧途。

究竟什么样的运动状态才是正确的呢?这里,我们只能在"深刻理解—具体感受"的范围内加以阐述。

在文本的根基上,创作主体生发出来的感受、态度、感情,时起时伏,时承时转,随着文本内容的发展进行有层次、有主次的变化,处处都闪烁着向外迸发的火光,催动着语言神经中枢,强化着有意注意,达到"一吐为快"的境地。——这才是正确的运动状态。

具体感受和整体感受,情景再现、内在语和对象感,在播讲目的的统率下,有的放矢地积聚着、酝酿着,由点到线,由面到立体,犹如地下的岩浆,滚动着、翻卷着、奔流着,准备一旦形之于声便要喷薄而出,一泻千里。地壳却在沉着地包容着、控制着、估量着、品评着,不使这热流冷却,也不使这热流紊乱。——这才是正确的运动状态。

文本的语言已经变成了创作主体自己要说的话,满含着深化的感受、明朗的态度、饱满的感情、准确的目的、具体的对象的心里话。这话语,已经不是一个个的字词,已经不是内部语言,而是活生生、响当当的有声语言了。虽然还显得幼稚、粗糙,但融入了党的宣传员的心血,剔除了思想感情的个人杂质,飞动着当代最美好的心灵。——这才是正确的运动状态。

总之,这是一个十月怀胎的过程。当这个过程结束时,一个播音艺术的婴儿就要出世了。

创作主体可以有自己的爱好、擅长,但不能忽视创作基础的完整性。创作主体可以有自己独特的感受,也可以有自己思想感情运动的具体方式,但不应排斥别人的独特感受、别人的思想感情运动的具体方式。在播音的思想感情的运动状态上,"无我"是不对的,"有我"才是正确的。"有我"是个性特征的需要;如果走到"唯我",无异于进入了死胡同,胎儿在出世之前就窒息了。

思想感情的运动状态,是播音创作的灵魂。只有它,才能给有声语言以生命的活力。

第七章 感情运动

→ **知识梳理**

语言的符号功能、概括功能和交流功能使创作主体在想象中产生了感受。理解深刻,感受精细,才能分寸得当,态度鲜明。感情包括情绪、情感、心境、激情等。感情比感受更深刻,是感之于外、受之于心的更积极、更炽热的反应。

情景再现是指文本中人物、事件、情节、场面、景物、情绪等,在创作主体的脑海里形成连续活动的画面,这画面带有创作主体的感受、态度、感情及评价体验的"映象"。情景再现的过程:理清头绪,设身处地,触景生情,现身说法。

内在语是指语言所不便表露、不能表露或没有完全显露出来的语句关系、语句本质。内在语的把握表现在两方面:一是语言链条的承续,二是语句本质的差异。内在语的作用:发语、转换、回味。

对象感是指播音员必须设想和感觉到对象的存在和对象的反应,必须意识到受众的心理——要求、愿望、情绪等,并由此调动自己的思想感情,使之处于运动状态。

情景再现、内在语、对象感,是从备稿到播音使创作主体思想感情处于运动状态的三种重要方法。对象感解决播音中"由己达人"的问题。情景再现、内在语帮助我们在向具体设想对象播讲时,把文本更积极、更生动、更清晰、更完美地表达出来,传播出去,播到受众的耳朵里,播到受众的心里。

思考题:

什么是对象感?"面前有人"就会自然获得对象感吗?

第八章

表达方法

第一节　停连
第二节　重音
第三节　语气
第四节　节奏
第五节　停连、重音、语气、节奏四者的关系

播音中思想感情的表达方法是停连、重音、语气、节奏。

我们不能忽视语气在对待停连、重音、节奏的制约和统率上的核心作用。只有在准确把握语气的基础上，节奏才能发挥它的能动作用。停连、重音要服从语气和语气的衔接。

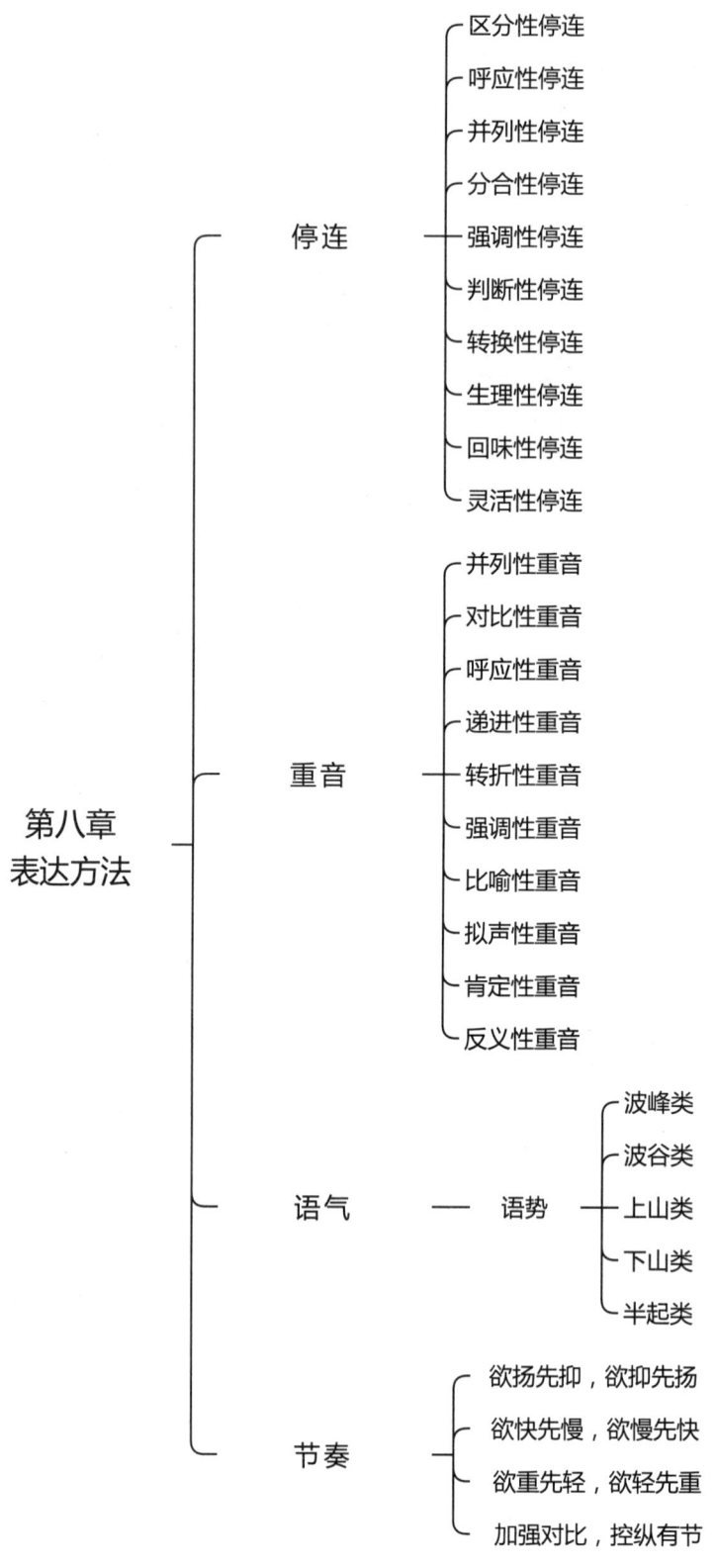

播音创作既然在于把文字稿件转化为有声语言、把内部语言外化为有声语言,那么,我们就可以说,有声语言就是创作主体创造性劳动的最终体现。思想感情处于运动状态,怎样"形之于声"?怎样借助有声语言表达出来?实在是极为重要、不能轻视的问题。

长期以来,在播音理论的探讨中,在播音实践的指导中,经常是过多地强调感情的作用。有一段时间,甚至突出地强调激情的作用。这个偏向是正常的,无可厚非的。因为感情,或者激情,的确是十分重要的,不可或缺的。但是,一味强调、一味突出,就会导致掩盖、消解表达的方法,走到"唯情论"的斜路上去。现在,我们能够指出这一点,也许正是过久地接受过它、吃了大亏的缘故。

长期以来,由于某些社会原因,由于某些个人原因,我们对于思想感情的表达方法——语言技巧,总是浅尝辄止,近于讳莫如深。于是造成了一种错觉:"有了无产阶级的感情,有了革命的激情,就有了一切。"这"一切",其实可以改为"技巧",那就意味着代替了技巧,取消了技巧,以致后来发展到登峰造极的地步,"技巧"在那"一切"中也不被包容了。这种倾向对于一个新兴学科,对于一种语言艺术,无异于窒息,甚至是扼杀。只是那些有志者,在自己的摸索中,把那珍贵的收获,刻上自己的心扉,用实践检验着、补充着。现在我们所能看到的成果,是应该更早地、更快地问世并广为传播的。

现在,对感情作用的重视并未消失,还应该进一步研究;对技巧的作用,那认识正日益深化。

当前,在技巧的运用上有一种似是而非的观点,至少是不利于给技巧以长足发展的余地的。这种观点认为:运用技巧必须不露痕迹。按理说,并没有值得指摘的。但是,它的迷人之处恰恰在为"唯美主义""艺术至上"论堵住通路的同时,却为"唯情主义""体验至上"论敞开了大门。我们历来反对单纯追求技巧,认为在技巧上"纤细过度,翻更失真"。我们同"唯美主义""艺术至上"论有根本的分歧。

但是,"文章如善塑",艺术之所以为艺术,正因为它不是自然。为了脱离自然形态,只有自觉地掌握和运用技巧才有可能达到目的。技巧的自觉掌握和运用不会是一蹴而就的,由不知到知,由知之不多到知之甚多,由知到用,由生到熟,熟能生巧,该是一个多么曲折反复、痛苦艰辛的征程啊！"玉不琢，不成器"，不去雕琢、不敢雕琢，怎么能达到善于雕琢呢？只有到了炉火纯青的阶段，才可望"大巧若拙""不工者，工之极也"的高超水平出现。那种以"不露痕迹"为由否定"雕琢"的说法，对创作主体掌握技巧，特别是对初学者了解和尝试技巧的运用，是相当幼稚和片面的。这样，我们就在重视技巧的自觉运用上同"唯情主义""体验至上"论划清了界限。

感情和技巧的统一，是我们的根本观点，也是正确的播音创作道路所坚持的核心问题。不过，这含意并非所有创作主体都明确。认为技巧必须服从感情的需要者大有人在，这毫无疑义是好事。而对于技巧给予感情的反作用，就显得认识不足了。

技巧不应处于被动的消极适应的地位。技巧应该理直气壮地站出来，为感情的抒发鸣锣开道。人们从孩童时期起，就在不自觉地运用着表达思想感情的方法，虽然简单，"技巧"的作用已经初露端倪，为感情的抒发服务了。作为创作主体，如果总处于启蒙阶段，技巧是不会从天而降，给感情以反作用的。认识和发挥技巧的反作用，并不玄妙，在技巧的掌握达到一定程度之后，肯定会有一定的体会。技巧既可以表达出"只能意会"的微妙感受，又可弥补"力不从心"的体验缺憾；既可以支撑"声情并茂"的辉煌大厦，又可以调节"风雨欲来"的身心变异。以"高声呐喊"掩饰内心空虚，以"悄声耳语"冒充亲切自然，也是技巧的反作用，不是也很能惑人于一时吗？我们是把这打入另册、列入弊端的。不过，这也从反面告诉我们，技巧的反作用很重要，让技巧正确发挥反作用，与感情一起形成巨大的合力，播音员义不容辞。

播音中使用的思想感情的表达方法，从创作基础范围讲，不外"停连""重音""语气""节奏"四种。不要小看这四种，要掌握它们是很不容易的。至今，我们对它们的认识也还不能说已经充分了。

播音技巧的运用，是创作主体"驾驭"文本的过程，是在"表情达意、言志传神"的显露中，赋予有声语言以精致优美的品格。这正是发挥创作主体语言功力的关口，正是显现创作主体价值取向、文化底蕴的"用武之地"。

播音技巧的运用，是一个先有"预感"，再有"动感"的"顺水推舟""推波助澜"的过程。不是"静态"的观望和等待，不是"逆向"的分析和推断，在经过充分的创作准备之后，在尽量准确地把握目的之后，综合地、熟练地"审时度势"，使表达方法落实到位，既"步步为营"，又"恰如其分"。"遗憾的艺术"之所以遗憾，往往是因为缺乏"运筹帷幄，决胜千里"的深谋远虑，或者是不能构建"天网恢恢，疏而不漏"的严谨路径。应该在创作之时，就全力堵塞漏洞，弥补缺失。这样，即使有什么遗憾，也不必"后悔莫及"，积极总结经验教训，下不为例便可，"亡羊补牢，犹未为晚"。

播音技巧的运用，最应该注意创作主体的创作心态和创作愿望。专注掌握技巧，不被技巧耍弄,不被技巧左右,既不望而生畏,又不望洋兴叹,真正把技巧看作我们"内化"了的表达"工具"。在"会当凌绝顶,一览众山小"的纵横捭阖中,让技巧为我服务,为表达服务,为传播服务。

播音技巧的运用,尤其要力戒"舍本逐末""因噎废食"。永远不忘根基,永远不落窠臼。初学者一定要满腔热忱、刻苦钻研、反复琢磨、勇往直前。

第一节 停连

停连,包括两个方面的问题。停,指停顿;连,指连接。有停顿,有连接,才能更好地达意传神。

在播音中,语言的部分之间、层次之间、段落之间、小层次之间、语句之间、词组或词之间,有声语言总有休止、中断的地方,时间有长有短,都属于停顿的范围。那些不休止、不中断的地方,特别是文字稿件中有标点符号而不休止、不中断的地方,就是连接。停顿和连接都是有声语言行进中显示语意、抒发感情的方法。应该说,自古以来就讲究这方法,"句读""点逗"之类就是,不过开始时单着眼于解意、释义方面,对于传神上的认识还不完整。只是在戏剧与说书的脚本出现以后,才更为注意它在情境上的作用。

停连,是同有声语言同时存在的。先是生理需要,紧接着是心理需要,这已逐渐被人们察觉。

从生理上说,一口气说完一个话题不行,一口气播完一篇稿件,也是不可能的。中间要换气,要调节声音,要休息声带、唇舌,没有停顿不成。受众的耳鼓也不能经受不间断的刺激,也需要有一个短暂的舒缓、思考的空隙。不过,停顿主要不是因为生理上的原因。气息控制不好,要用停顿喘口气,就应该刻苦练习气息的控制,以适应播音创作的要求。

从心理上说,停顿应该是积极的、主动的,以自如地服从思想感情运动的需要。思想感情的运动需要在哪里停顿,就要在哪里停顿,需要停顿多少时间就要停顿多少时间,需要在哪里连接就要在哪里连接,这样,才能发挥有声语言运用停连表达思想感情的组织、区分、转折、呼应、回味、想象等作用,达到引人、感人的目的。在停连的运用上,生理需要必须服从心理需要,不可因停害意、因停断情。

停顿是思想感情运动状态的继续和延伸,而不是思想感情的终止、中断和空白。

恰到好处的停顿,应该起到"此时无声胜有声"的作用。

为此,我们要解决停连的位置、时间和停连前后的衔接等问题。

我们先来看停连的位置和时间。

文字稿件的标点符号可以帮助我们了解停顿的位置和时间,因为语言不管其形态是文字还是声音,都有词语的序列,这序列中不同的疏密关系也有其确定性。但是,标点符号只是文字语言的停连关系的显示,如句与句之间的句号、问号、感叹号等,段落之间有另起一行作为标志等。停顿和连接是有声语言的"标点符号",这一点,必须引起我们足够的重视。根据当前的播音情况,根据初学者容易陷入标点符号的囹圄之中,我们只好大声疾呼:勇敢地甩掉标点符号的羁绊,掌握我们自己的"标点符号"——停连!不如此便不能克服依赖心理自己走路,不如此便不利于打破四平八稳的腔调自如表达。

在关于停顿的研究中,采取"语法停顿""逻辑停顿""心理(感情)停顿"的说法的,比较普遍。这种区分就某种理论需要也许是有用的,但在播音实践中,这样做效果并不好,它造成的混乱比带来的方便要多得多。

文本的语句系列、词或词组系列,离开语法是不可能的,正如同离开逻辑关系、心理过程是不可能的一样。因此,停顿和连接不能不与这三者发生紧密联系。然而,这三者又怎么能截然分开呢?就拿一个语句来说,三者也是结合起来的,何况全篇文本呢?有的语句以抒发感情为主,但能否离开上下文的内在联系、离开语法形式呢?显然是不能的。

当我们在播音中运用停顿的时候,我们也不可能具体产生"这里是语法停顿,这里该逻辑停顿,这里必须心理停顿"等意识。在停顿的时候,总是由于思想感情的需要,借助语法成分的关系进行停顿或连接的安排。事实上,每一个停顿都是在语法关系允许的范围内进行的,如果会造成语法关系模糊、混乱,不管是什么原因,都要加以调整。事实上,那种破坏语法关系的"逻辑停顿"是不存在的。

我们播音中运用停顿,是把停顿作为表达全篇文本的一个方法,而不是孤立地、静止地、局部地进行各种关系的解剖。因此,按文意、合文气、顺文势,是我们运用停连的原则。在这种情况下,从任何一个狭隘的侧面去分析,都是会碰壁的,因为这需要认知的综合应用。

这样,我们就准备从文本的全局角度,把停顿与连接结合起来,分为十类,考察它们在播音中所处的位置和时间。

第一类：区分性停连

一篇文本，播音员自己理解了，播出来，受众不一定理解。这中间，有一个对词语序列进行符合有声语言要求、符合听觉习惯的整理、加工的问题。区分性停连是重要的方法。

从最小单位说，凡是一个独立的词、词组都应该给以区分，一般情况下，不能在这最小单位内部进行停顿。刚识字的孩子一词一停，并不使人感到好笑，反而赞赏其识字的能力、背诵的本领。有声语言创作主体如果也这样，当然是要贻笑大方的。原因很简单，虽有词，却无句。在广播中，这现象并非罕见。有的人不是这样呼台号么？"××——人民——广播——电台"，这四个词之间是什么关系，没有表达出来。那些关系紧密的词或词组，我们总是把它们连接起来，中间不插入什么停顿的。只有在那些关系不太紧密、单位较大的成分之间才安排停顿。"××人民——广播电台"这种停顿是错误的，"××——人民广播电台"这种停顿才是正确的，这不是显而易见的么？

在词语序列的区分中，必须结合语意进行语法分析，并且，要特别注意同一词语序列所可能有的两种以上的语法关系导致歧义的情况，准确地择取一种，舍弃另一种。如：

哥白尼认为，日月星辰绕地球转动这种学说是不对的。

这句话意思很清楚，哥白尼是否定地球中心说的。但是，这一词序列至少有两种不同的语法关系：

"哥白尼"是主语，"认为"是谓语，后面是主谓词组作宾语。这是应取的语意。

"哥白尼认为日月星辰绕地球转动"作主语，与"这种学说"同位，"是"为系词谓语，"不对的"为"的"字结构宾语。这样分析，也符合语法要求，但语意恰恰相反。在播音中是不能出现这种错误区分的。可是，由于种种原因，这类词语序列很容易在"绕地球转动"之后有意无意地停顿一下，在"这种学说"之后反不安排停顿，于是播出了错误的语意。如果属于理解错误，很好解决；如果是语言习惯，错而不觉，倒是应该引起高度注意了。"我理解错了"是不能作为可以原谅的理由的，必须掌握区分性停连的技巧。

当我们听到"现在播送小话剧《柜台》的演出实况录音"一句时，竟产生了"柜台的演出"是小话剧剧名的印象，其原因，是在"小话剧"后边和"演出"后边都进行了停顿。这一句的区分性停连，必须在"《柜台》的"之后加停顿，"演出实况录音"中间只能连接。

由于区分性停连不当,造成语意不清的情况在电视播音中也是屡听不鲜的。特别是在无稿播音中,更要加倍小心,因为在内部语言外化为有声语言时很容易出现停顿不当的情况。

由此可见,区分性停连就是要通过停连的安排区分词语序列各成分,表达出清晰的语意。而区分过细或不加区分,也只能造成模棱两可的语意,不能不引起我们的警觉。

第二类:呼应性停连

有声语言的行进,在停连上有前呼后应的性质。有呼无应和有应无呼都会造成词语序列的紊乱,给人以"前言不搭后语"之感。如:

现在介绍北京耐火材料厂党委书记×××带领全厂职工大搞文明生产的先进事迹。

这句里的"介绍"是呼,后面必须有停顿;"先进事迹"是应,前面也应有个停顿。呼应之间的部分可运用区分性停连。如:

他理论知识丰富、坚实、系统。

这里可以叫作"一呼三应","理论知识"是呼,"丰富、坚实、系统"为应。因此,"理论知识"之后应有停顿,而"丰富、坚实、系统"要连接。如果把"理论知识"同"丰富"连接起来,后面安排停顿,又把"坚实、系统"连接起来,"一呼三应"的关系就被破坏了,"坚实、系统"不知何指,从句中脱落,造成逻辑链条的残缺。

呼应性停连在全篇结构上也有重要作用。倒叙、插叙、补叙的前文和后文运用呼应性停连可以使层次清楚,结构严谨。

第三类:并列性停连

凡属各并列关系之间的停顿,要求位置类似,时间近似,以显示并列关系。如:

他理论知识丰富、坚实、系统。

句中"应"的部分是三个并列词,中间有两个停顿,时间差不多,比较匀称,不应该一短一长。否则,并列关系便会模糊。如:

要首先救济那些五保户、烈军属、缺少劳动力的职工干部家属。

三个并列成分,通过"那些"之后的较长停顿,"五保户"后面和"烈军属"后面的停顿,以及"职工、干部"的连接,就可以清楚地显示出来。"职工"后面的停顿不尽量缩短,反而与前两个成分后面的停顿时间相差无几,似乎就成了四个并列成分。即"缺少劳动的职工"和"干部家属",成了并列成分,语意就错了。

较多的并列成分,在停顿上不宜生停硬顿,否则,虽然显示了并列关系,却给人以不顺畅、不明快的感觉。如:

养猪、养兔、种蘑菇、种油料、种瓜菜、编织、烧砖、运输等生产门路,一般社队都能经营,大有发展潜力。

八个并列成分,中间有七处停顿,停顿时间要是相等,听起来是很干巴、呆板的。为了既显示并列关系,又较为灵活,应该采取分组的方法。分组时,可根据内容,也可根据数量。

在有内容关联的时候,要把相近的并列成分归为一组,组内并列成分之间停顿时间可以稍微缩短,各组之间停顿时间匀称。如"养猪、养兔"为一组,"种蘑菇、种油料、种瓜菜"为一组,"编织、烧砖、运输"为一组。

在无内容关联的时候,可以根据数量分组,或二、三、一、二,或三、四、二、一等,尽量避免各组数量相同,以减少一板一眼的印象。

并列成分多,分组时一定要注意组内和组间的停顿时间不可过于悬殊,保证各并列成分的相对独立性,否则,会弄巧成拙。

在并列关系中,有一种联合词组,在播音中稍不注意就会改变联合的性质。如:

化肥、作灌溉用的抽水机、拖拉机以及制造拖拉机全部部件和其他农业设备用的特种钢材、石油以及钻探和提炼用的机械等,去年在供应和制造设备两方面都有很大的增长。

"拖拉机……钢材""石油……机械"有联合关系,其中,"拖拉机全部部件和其他农业设备""钻探和提炼",以及后面的"供应和制造设备",也是联合关系。在联合关系中,"和"的前后,结合很紧,不应出现停顿;作为联合关系的整体,之前、之后可以安排停顿。目的是在听觉上明确联合关系的范围。如:

  1964年开始生产的维尼龙和棉花混纺织物,也开始在市场上供应。

  "维尼龙"前要停顿,"和"之前不能停顿。"和"之前如果有停顿,"棉花混纺织物"似乎是一种新产品,与"维尼龙"脱节,"混纺织物"也就不知所云了。
  由此类推,我们可以知道,并列成分之间的并列关系用停顿和连接表达出来,特别要注意顿号和"和"的处置。那种见顿号、见"和"就停顿的播法是不足取的。当"和"作介词用时,"和"前可以有停顿;当"和"前面有几个并列成分时,"和"前也可以有停顿。而联合成分的"和"前即使有停顿,停顿的时间也不能超过联合成分整体前或后的停顿时间。

第四类:分合性停连

  在并列关系之前,往往有领属性词语;在并列关系之后,往往有总括性词语。在领属性词语之后,或总括性词语之前,都有较长时间的停顿,比并列关系之间的停顿要长,这样就形成了,合——分——合的分合关系。如:

  不能完成计划与不完成计划一个样。

  "不能"后面,"一个样"前面必须有停顿。"完成计划与不完成计划"为一个整体,中间要连接,并列关系内部没有停顿。领属性词语后、总括性词语前的停顿可以较短。如:

  出席这次大会的还有中央和国务院有关部委、解放军总政治部、全国总工会、全国妇联等单位的负责同志。

  像这类"有"字句在播音中较为常见。"有"前停顿,还是"有"后停顿,的确相当灵活。不过,从分合性关系上是可以把握其大概的。
  不管有无冒号,冒号在什么位置,我们主张看"有"后面的情况:
  (1)"有"后并列成分少,或以"等单位""等负责人""等二百多人"之类作结的,一般在"有"之前停顿。这样,"有"的领属作用不会削弱,或有遗漏,语气较亲切自然。

(2)"有"后并列成分多,或无"等单位""等负责人""等二百多人"之类作结的,一般在"有"之后停顿。这样,"有"的领属作用大大加强,不会遗漏,语气也有庄重的意味。

上例的"还有"之前安排停顿较好。如:

  这些石刻狮子,有的母子相抱,有的交头接耳,有的像倾听水声,千态万状,惟妙惟肖。

三个"有的"是并列性关系,而"千态万状,惟妙惟肖"是总括性关系,二者之间的停顿要比各并列性停顿时间长,否则,容易都带上并列的色彩。

分合性停连用在全篇引出下文的领属性停顿和总结上文的总括性停顿,比比皆是,必须善于驾驭,才有利于语言链条的完整。

第五类:强调性停连

为了强调一个词、一个词组、一个句子、一个小层次,在停顿和连接上进行恰当处理是很重要的方法。

停顿上,可以在强调的成分之前、之后,也可以在前后同时停顿。相形之下,那些不强调的成分之间,停顿时间缩短,甚至连接。

在播音中,这方面问题较多,常常缺乏这类停连,听来主次不明,四平八稳。如:

  语言这东西,不是随便可以学好的,非下苦功不可。

根据语意,我们应强调"苦功",因此,前边的停顿时间相对缩短,到"非下"之后安排一个停顿,便可达到我们的目的。如果只凭标点符号停顿,全句便显得松散。

第六类:判断性停连

停顿不是思想感情的空白,不仅是说在播音中已经"明其意",而且要表现出正在"成于思",即有思维过程。为了表现这思索、判断的过程,便可以运用判断性停连的方法。如:

  我跑过去捡起手榴弹,哎呀,怎么这样沉?原来弹柄是铁的,那周围已经磨出了亮光。

这个过程,如果没有判断性停连,便会播得索然无味。"捡起手榴弹"之后,有一个"沉"的感觉,然后提问"为什么这样沉"?接着,有一个"看"的动作,有一个与一般木柄手榴弹比较进而判断的过程。在"原来"之前,停顿时间较长,才可以表现这个判断,判断之后,就要连接,一气呵成。如果停顿时间不足,判断就会流于形式;如果在"原来"之后停顿,在"铁的"后面安排较长时间的停顿,就会破坏判断过程的集中、鲜明。

在判断性停连的运用上,要避免"走过场"(即并没有判断的真实感受)和"乱判断"(即处处判断、句句判断,真正需要判断时反而被切碎、被淹没)。

第七类:转换性停连

在稿件内容发展和展开的情况下,有声语言必须随波婉转。由一个意思变成另一个意思,一种感情变成另一种感情的空当,应该有相应的停顿,显示转换的关节。如:

> 人们常说:"长病无孝子"。一个人长期生病,就是自己亲生的儿女或一母同胞的姐妹也会厌烦的,何况是邻居。但龙艳同志,却从少年到青年,整整13年,自觉自愿照顾一个无亲无故的瘫痪病人。

在"何况是邻居"之后必须有一个转换性停顿,停顿时间可因不同的转换形式有所不同,但在思想感情的运动状态上,要表现出一定的变化,能听出这个停顿的转换性质。

转换性停顿的位置,也可在"但龙艳同志"之后,以强调下文。但转换性停顿的上文或下文里的停顿都相对缩短,甚至连接。

转换性停顿有时并没有"但是""然而"等关联词,播音中不能因此而忽视转换性停顿的位置与时间。

第八类:生理性停连

在某些稿件里,由于人物生理上的异态,会产生语流不畅、断断续续的情况。这时,创作主体要在生理性停连上给以正确把握。如:

> 1964年5月14日,在焦裕禄同志生命的最后时刻,中共河南省委和开封地委两位负责同志守在他的床前。

他拉着这两位同志的手,断断续续地说:

"党……派我……到兰考……工作,我……没有……完成……党交给我的……任务。"

我们播焦裕禄的话,并不是为了告诉受众焦裕禄生命垂危、没有一点力气了。我们的目的是说,为人民鞠躬尽瘁的焦裕禄,直到生命的最后一刻,还深感自己做的工作太少,这是多么伟大而崇高的忘我精神啊!因此,无论如何不可简单地追求"生命垂危"的形似,而应该着重显示"忘我精神"的神似。"断断续续"的话只要稍微点染即可,不必真去描摹气少力微的情状。但是"断断续续"地说,恰从反面陪衬出人物的崇高境界,生理因素不可忽视。在停连的安排上,应该把握三点:一是语意不能模糊;二是精神实质必须突出;三是生命垂危也要稍做点染。三点结合,才会生动感人。如果原稿上"断续"过多,我们要适当合并一下,如"到兰考工作"中间不断,"没有完成"中间不停;如果原稿上"断续"太少,我们也要适当增加一两个停顿。

第九类:回味性停连

有的词、句、段播完之后需要给受众留有想象、回味的时间,这样的停顿就是回味性停顿。这种回味性是因创作主体的具体思想感情的运动延续下去的结果,是受众从有声语言中有了具体感受之后的心理反应。

在非回味性词语之后要缩短停顿时间,在回味性词语之后停顿要足。如:

我国首批生产的女式金表今天在上海上市。

"女式金表"之后应有一个停顿,以便使受众回想一下这四个字的意思。如:

全桥结构匀称,和四周景色配合得十分和谐;就连桥上的石栏石板也雕刻得古朴美观。唐朝的张鷟说,远望这座桥就像"初月出云,长虹饮涧"。赵州桥高度的技术水平和不朽的艺术价值,充分显示了我国劳动人民的智慧和力量。

如果句句衔接播下来,也能听清楚内容,但总觉兴味不浓。在"初月出云,长虹饮涧"之后延长一些停顿的时间,在这句的前后缩短些停顿的时间,便会给人以回味的余地,显得不拖不促,恰到好处。

第十类:灵活性停连

任何停顿和连接都不应是呆板的、生硬的,无论在停顿的位置上、时间上,都没有万能公式。在播音中,特别是急稿播音中,不可能把每个停顿都安排得妥帖,而语言艺术的生命力正在于"变化"二字。因此,我们应该在停连处理上保持较大的灵活性。

我们这里不去探讨播音心理学、播音美学方面对停连的要求,单看创作基础方面,那停连的灵活性也是必须了解和掌握的。如:

《红楼梦》一百一十万字,《三国演义》七十二万字,《战争与和平》一百三十九万字,《约翰·克利斯朵夫》一百零九万字,都很长。

这里有四个并列成分。按书名字数这样安排停顿,或书名与字数之间都不安排停顿,语意不会有误。不过,总觉呆板。如果灵活一点,只在《红楼梦》和《战争与和平》两个成分的书名、字数之间安排停顿,《三国演义》之后,《约翰·克利斯朵夫》之后都不安排停顿,既使两部字数更多的书给人留下的印象更深,又使四个并列成分中间的停顿稍显错落。

这种停连,必须坚持从文本出发,在容许的范围里进行,才能"活而不乱""出奇制胜"。

十类停连只是初步展示了它的丰富性。只有当我们感到棘手的时候,它才出来帮忙,而没有必要把每一个停连全都加以归类考察,因为十类停连在播音中常常是并行不悖的,所以,我们既不要拘泥文字,又不要削足适履。当然,初学者会有更多的棘手处,需要更多地分析。

在注意停连的位置、时间的时候,还有停顿前后的衔接问题亟须解决。那种"逢逗必扬""逢停便落"的衔接都有片面性。停前如何收,停后如何起,也是千变万化的,与语气有密不可分的关系。任何固定格式的停连处理,要么显得虚伪做作,要么造成单调呆板,在播音中一定要悉心处理,不可粗率对待。

为了在稿件上标出停顿和连接的处理情况,有利于话筒前心中有数,可以应用下列符号:

▲ 挫号。停顿时间短,用于没有标点符号的地方。

∧ 停顿号。停顿时间稍长,如果用在有标点符号的地方,表示停顿时间再长一些。

⋀ 间歇号。停顿时间更长,一般用于层次、段落之后。

⌒ 连接号。只用于有标点符号的地方,表示缩短停顿时间,连起来播。
~~延长号。可用于任何词、词组、句、段落之后,表示声音延长。

以鲁迅《藤野先生》的结尾句为例:

每当夜间疲倦,正想偷懒时,仰面在灯光中▲瞥见他黑瘦的面貌,似正要说出抑扬顿挫的话来,便使我▲忽又良心发现,而且增加勇气了,∧于是点上一支烟,再~~继续写些▲为"正人君子"之流所深恶痛疾的文字。∧

第二节　重音

每个文本,都是由许多表达独立意思、蕴含一定感情的语句组成的,语句中的词或词组并不处于完全并列、同等重要的地位,其中,有的重要些,有的次要些。对那些重要的、主要的词或词组,播音时要着重强调一下,以便突出地、明晰地表达出具体的语言目的和具体的思想感情。我们着重强调的词或词组,就是重音。

在文本里,每一个语句都有上下文的语言环境,创作主体思想感情的运动状态在这个语句上总要揭示它的精神实质,因此,任何孤立地、静止地、片面地研究重音的做法都是有害的。长期以来流传着"语法重音""逻辑重音""心理(感情)重音"的提法是没有达到区分者本来的期望的,主要是在实践中很少有举一反三的效果,甚至往往使初学者徘徊其间,举棋不定。

把重音问题与词或词组的轻重格式混为一谈,更是不正确的。词或词组的轻重格式是指音节与音节的音强比较,在一般情况下由于约定俗成而具有较大稳定性。重音是以句子为基本单位,因语言环境、语句本质而具有较多流动性的词与词的主次关系,音强只是其一种声音形式。二者的关系很明确,词或词组的轻重格式要以重音为核心,要服从重音、服务重音。重音可以符合轻重格式原型的声音形式出现,也可以改变轻重格式原型的声音形式出现。

重音在语句中、小层次中以及段落中,要显得突出,但着重强调的程度和方式是千差万别的。初学者容易把"重音"看作"加重声音",如不澄清,重音的显示就会单一、呆板。

我们了解到,重音的问题实际上是词或词组在句子里面的主次关系问题,重音是主要的词或词组,非重音是次要的词或词组。重音也有主要重音、次要重音,非重音部分也有比较主要些、比较次要些的区别。

任何一个句子里都有重音,不过因句子在整个文本中的作用、地位,重音的强调程度、强调方法而有所不同罢了。有时,一个句子里有两个以上的重音,那就要看一看,都是主要重音呢,还是有主要重音和次要重音。有时,同上句和下句比较,这个句子似乎没有重音;这也要看一看,这个句子里词或词组之间主次关系的情况,不要因为这句重音还不如上句或下句非重音声音大、声音高,就认为这句没有重音。应该说,没有重音就没有真切的目的。

重音的符号,我们用在词或词组下面加圆点的方式表示。

重音的位置不当,特别是文本中重点语句的重音不当,会使语意模糊、目的不清,干扰思想感情的脉络,甚至会歪曲原意,造成宣传上的差错、听觉上的误会。重音的位置对不对并不是无关紧要的事。有的老播音员不标重音符号,有的演员说自己从不考虑重音,或者因为他们造诣高深,可以从心所欲而不逾矩;或者因为他们对理论指导实践的意义认识不足,以自己较为狭隘的经验代替普遍规律,特别是代替了初学者学习和训练的规律。

事实上,从"牙牙学语未成音"的阶段开始,就在使用重音,如同使用语法一样,不过只是在模仿,并不自觉而已。只有以有声语言作为表达手段的播音员,才能有感而发地明确主次关系,从而确定重音并加以自如表达。不下大力气掌握重音的表达,要想准确、鲜明、生动地播音,恐怕很难达到目的。

有人说,播音之所以呆板、单调,就是因为想重音、标重音。如果说,是指我们在重音方面钻研不够,用得不活,需要提高,并没有错,但如果因此而否定重音的存在,就未免失之偏颇。

一般说来,句子理解了,重音就容易对。练习时,不妨先从内容浮浅、比较口语的文本入手。但是,重音是为受众服务的,创作主体理解了,并不等于播出来就肯定能让受众也理解。不注意这一点,不解决这个问题,光从表达不当便断定理解不对,是不能服人的。

重音的位置,不是绝对的、固定的。不假思索就想套用某种现成的公式去确定重音的位置,根本不符合正确创作道路的要求。任何时候,我们都不应只从语言的形式出发,而应在把握重音与思想感情的运动状态的内在联系上下功夫。

确定重音的位置,应该是有规律的,但这规律一非万能公式,二非没有例外。下面我们所列的十类重音,还不能说已经囊括无余,它的优点是从语言链条中加以把握,力求避免知其然不知其所以然的孤立、简单、盲目的状态。

第一类:并列性重音

凡并列的段落、语句,使某些词或词组也带上了并列性。为了显示并列关系,在那些具有代表性的词或词组上确定重音,便是并列性重音。至少有两个重音,一般同样重要。如:

①他理论知识坚实、丰富、系统。
②利用人防工程做地下仓库有四个好处:
一、方便生产。……
二、有利于生活。……
三、节省开支。……
四、安全可靠。……

第二类:对比性重音

在各种对比的情况下,为了达到对比目的、渲染对比气氛、突出对比观点、深化对比感情,在重音上造成对比性是很重要的。对比性重音至少有两个,往往要区分主次,相反相成。如:

旧社会把人变成鬼,新社会把鬼变成人。

这句话,在不同的语言环境、不同的语言目的下,可以有不同的重音处理,或以"旧""新"为主要重音,或以"鬼""人"为主要重音;或以"鬼"为主要重音,或以"人"为主要重音。但,它们的对比性是确定无疑的。

春节快到了,每年这个时候办喜事的比较多。

这句话,从词语序列上看没有任何对比的意思,也不应有对比性重音存在。可是,有的播音员把重音位置确定在"喜"上,竟出现了对比的意思:办喜事的比较多,办丧事的比较少。

这种情况,是一种"隐含性"对比,搞不好,是很分散受众的注意力的,甚至误解语意。因此,不要以为词语序列上没有对比句,播出来就不会有对比的意思;也不要以为自己主观上没有对比的想法，播出来也不会给人以对比的印象。上一句中，如果重音放在"多"字上，就不会有对比的意思，就符合文本的要求了。

需要强调"隐含性"对比的时候，就要突出这类重音。一般来说，应该首先找到相对比的句子，同时找到相对应的词，然后再决定本句重音的位置，最后还得找到恰当的表现形式。否则，对比性就不会十分准确、贴切。

第三类：呼应性重音

从重音的角度揭示上下文的呼应是一种有力的方法。

问答式呼应较为常见。"他是谁呢？他就是我的老师——大谦。"

线索式呼应一般是相似句在整个文本中几次出现。如《白杨礼赞》中的"我赞美白杨树"。

分合式呼应，有领起重音、分列重音、总括重音的区别。如上文有"其中最著名的当推河北省赵县的赵州桥，还有北京附近的卢沟桥。"下文先述"赵州桥……"再述"永定河上的卢沟桥……"上文中的重音是领起重音，下文中的重音并列性重音。

第四类：递进性重音

文本内容的发展，总是层层推进的，递进性重音便可以显示这递进关系。

递进性重音总是向着一个方向突出的，后一个重音要比前一个重音揭示更新更深的含义，展现更新更多的事物。如：

所谓煤炭直接液化，就是在煤炭中加入氢气，经过一定的温度和压力作用，使之转化成▲液体燃料和少量气体燃料；液体燃料经过再加工，还可以生产出▲汽油、柴油、重油等产品。

这类句子，由于按过程叙述，新的概念、新的事物陆续出现，很自然形成了递进性重音。在有情节的文本里，这种情况更为明显。

还有一种联珠句式，上句末和下句首的词或词组相同或基本相同，重音的递进性更为明显。如：

①我们要造成民主风气，要改变文艺界的作风，首先要改变干部作风；改变干部作风首先要改变领导干部的作风；改变领导干部的作风首先从我们几个人改起。

②竹叶烧了,还有竹枝;竹枝断了,还有竹鞭;竹鞭砍了,还有深埋在地下的竹根。

此外,递进性重音有时落在一些关联词上,像"还""也"等。一些假设、条件复句也包括在这一类中。

递进性重音具有揭示语言链条的承续性,因此,把重音连接起来可以形成较为醒目的贯穿线。在这个贯穿线中,上文出现过的词语在下文便处于非重音位置。

第五类:转折性重音

转折性重音与递进性重音不同。递进性重音揭示同一方向的进展,转折性重音揭示相反方向的变化。如:

目前,东西伯利亚地区▲有冷空气不断扩散南下。我国东北、华北和黄河下游地区▲受冷空气影响,近两三天内气温逐渐下降,但降温幅度不大,一般在摄氏二至四度左右。7号以后,可能还有一次冷空气影响这一地区。

这一段,"逐渐下降"是承前递进性重音,"但"转折后,"不大"便是转折性重音。"二至四度"和"还"都是承前递进性重音,不过承前范围有所不同。"二至四度"只承接"不大",而"还"要承接开头的内容。

转折性重音有时是关乎主旨的重点,有时只是再递进的反衬。不明此理,在有声语言行进中,就容易以"一定之规"应付"千回万转",缺乏文势。

第六类:强调性重音

词语序列中有些在程度、范围方面加以伸缩的词语,如果作为重音,我们便明显地感到着力强调的色彩,或极言其大,或极言其小,或广到无所不包,或窄到间不容发……只要符合播讲目的,符合文本重点,符合形象需要,符合论证需要,遇到这类词语就应敢于强调。兹举几种:

"极"——"极其热烈""高兴极了"。

"一点儿……也"——"一点儿声音也没有"。

"什么……也"——"什么事情也没发生"。

"什么……都"——"什么人他都不奉承"。

"任何"——"任何办法都行不通"。

"一切"——"他把一切都贡献出来了"。

"所有"——"他走遍了所有的名山大川"。

"谁"——"这个问题,谁也解决不了"。

时间数量词:"一年""一个月""一天"所指短促,"一年""一个月""一天"所指漫长。

物资数量词:"八元""百分之三十""二十六家工厂",重音位置一般不变(对比性重音除外),但在强调的程度上可言其少,也可言其多。

还有一种重复性重音,也属于强调性重音的范围。如:

今后,要大力减少会议,可以不开的,坚决不开,可以分散开的,就分散开,可以合并开的,就合并开。

遇到这种重复性重音不要回避,更不要以"重复出现的不能作为重音"这一认识限制自己。其实,这种重复的词正是为了加强效果,给人以强烈的印象,不敢强调是不合原意的。

第七类:比喻性重音

无论新闻、评论、访谈、综艺都可能采取比喻的修辞手法,目的是增强内容的形象性、可感性。如:

①会场上响起了雷鸣般的掌声。
②少年儿童是祖国的花朵。
③石拱桥的桥洞呈弧形,像天上的虹。

这类句子是以比喻为主的,我们要抓住比喻部分的核心,抓住比喻意义的重点,不可简单地把全部比喻部分都作为重音,更不能把比喻意义的次要部分作为重音。

比喻性重音要获得具体、形象的感受,切忌生硬突兀。

有些句子虽然用了比喻,不一定以比喻为主,那时便不要一见比喻便作为重音处置。

第八类:拟声性重音

象声词之类,有时对突出事物的声音形象有很大作用。在描摹场景、烘托气氛时,拟声性重音不可缺少。如：

①风,呼呼地刮着。
②轰隆,一声巨响,敌人的碉堡飞上了天。

只要是着重形容声音状况的句子,都会以象声词为拟声性重音。但是,并不是全部象声词都处于重音位置,有不少情况,句子本意和重点不在描摹声音上,那么,即使几个象声词连用,也不是重音,特别是在出现对比、强调等重音时,拟声性重音便退居其后。

拟声性重音也要求感受,但不必惟妙惟肖,甚至变成口技。新闻、评论中尤其不可取。

第九类：肯定性重音

文本中用"是""有""不是""没有""不""无"等对事物表达肯定态度时,一般是肯定这些词后面的对象。如果这些对象在上文中已经出现,本句只表达肯定态度,强调判断的确定无疑,这些词便必然地成为肯定性重音。如：

他是河南人。

由本句可推出上句：他是哪里人？如果上句是：他是河南人吗？本句重音便在"是"上,表示肯定。如：

①不能满足于一些∧他已经知道的事,而应告诉他一些∧他还不知道的事情。
②这次地震的震中区有强烈震感,个别房屋倒塌,人员∧无伤亡。(在广播电视稿中,应把"无"字改为"没有",仍是重音,就好懂多了。)

我们看到,肯定性重音与递进、转折、对比等也有比较密切的关系。

第十类：反义性重音

有的文本,在揭露、批判荒谬论点、错误言行时,在揭示言不由衷的虚假语气时,在表示创作文本不同意、不赞成的态度时,往往借助反义性重音来表达。

反义性重音，文字上貌似正面肯定，实际上恰是表白否定，不论褒贬，要从反面去把握。如：

①狼总是不甘寂寞的。它在吃了羊之后，还要表示自己是"善良"的。
②侵略者挑起了战火，还要念念有词地叫喊"我们在努力追求和平的目标"。

反义性重音的确定，必须抓住最有代表性、最能揭露其错误实质的词，既不可一带而过，也不可字字着力。

以上，我们择要列出了十种重音的性质和位置，它们互有牵连，相互补充。我们的目的不在于为初学者提供现成的公式，而是希望在理解、感受的基础上，明确词、词组等的主次关系，以及上下文的内在联系，更好地表达思想感情的运动状态。

因此，在重音位置确定的同时，就存在着如何表达重音的重要问题。

重音的表达也是多种多样的，诸如：低中见高、弱中加强、快中显慢、虚中转实、连中有停，以及各自的相反情况，都可以突出重音。舍弃语言目的，舍弃语言环境，舍弃语气，孤立地、强制地、干瘪地表达重音，是对重音的戕害，初学者从一开始就要引以为戒。

在重音的表达上，过犹不及，一定要掌握分寸。对重音的过分强调会形成"反义性重音"，因为反义性重音要求重音音节沿调势延长。

重音的表达，必须处理好重音与非重音的关系。重音与非重音各有主次层次，并以达到受众感受为准，既要保证主要重音的突出，又要保证非重音内部主次关系的明晰。

重音的表达，必须纵观全篇，从全篇的高度和深度驾驭它。有一些重音是全篇的"眼睛"，更要注意把握。

第三节　语气

语气，在语言学里属于句子的"式"，即用一定语法关系表示具体态度。如："你站起来！"是命令语气，"你认识我。"是陈述语气，"你同意吗？"是疑问语气，等等。语音学认为，从语气词（的、了、吗、呢等）和语调上可以了解和表达各种语气。

我们认为,播音中的语气概念与文字语言或日常说话的"语气"是有所不同的。它受词语序列的制约,同时,又有有声语言的特点。

同样一句话,在不同的文本、不同的语言环境、不同的思想感情的运动状态下,可以有完全不同的声音形式,那千差万别的情况是难以用文字来描述的。因此,任何单靠文字语言或单靠声音形式去认定具体语气的看法和做法都不适合播音的根本要求。这里还没有包括创作主体个人的语言特点和艺术风格。

不管是文字语言还是有声语言,它们的产生都是具体思想感情的需要,这样的具体思想感情,要求与之相符合的或基本符合的具体形式(语法形式、声音形式),才形成了这样的文字语言或有声语言。但是,反过来,用这样的文字语言或有声语言的形式能不能推导出它所包含的具体思想感情呢?实践证明,存在着两种可能性:能和不能。只有具备了应具备的条件,才能,否则就不能。如:

你认识我。

有人说,这是陈述语气;有人说,从句号、重音等看,是"平直"语调,客观叙述语气。这种推导,对不对呢?从分析这一句子看,各有一定道理。但是,作为创作主体,如果不了解这句话的上下文,不了解播这一句时的具体思想感情,就简单地用"平直调"播出,行不行呢?回答是否定的。这四个字组成的一句话,具有多种语气的可能性:或热情肯定,或冷峻揭露,或亲切柔和,或轻蔑嘲讽……

我们说,播音的语气,必须由两方面构成:一方面是一定的具体思想感情,一方面是一定的具体声音形式。

所谓一定的具体思想感情,不是一个句子的问题,而应该置于整个思想感情的运动状态中去具体把握,不能与全篇割裂开来;同时,正由于语句本质不同,语言环境不同,必然呈现出"这一句"的具体色彩和分量。所谓一定的具体声音形式,也有全篇声音形式的上下承接、延续的问题,不能是各自无关的。不过,就"这一句"来看,又有其发展的趋势,于是,呈现出它具体的语势。在声音形式中,过去只注意声音的高低、强弱、长短,忽视了气息的巨大作用。我们主张应该让气息的多少、深浅、"快吸慢呼"为主的气流速度乃至气息支撑力量的强弱等占有重要的位置。"语气"一词中的"气"字,便可"声"价十倍。

总体来说,语气的色彩分量是灵魂,但必须固着在一定的声音、气息形式中。受众总是通过创作主体的声音、气息形式去领会思想感情的,在这个意义上,我们说"语气是思想感情的运动状态支配下语句的声音形式",不会引起什么误解吧?

但是,当前的情况是,众说纷纭,莫衷一是。有人说"语气",有人说"语调",有人说"口气",有人说"音调",还有人说"声调"(这不是同音节的四个声调很容易混淆吗?),等等。

事实上,口气,主要是指说话人对主客观的评价,范围相当狭窄。音调,主要指声音的高低,也有叫"声调"的。这和我们说的语气差别较大。

容易发生混淆的是"语调"。因此,在这个问题上要多说几句,以利初学者了解。

我们不是一般地反对"语调"这个称谓。因为使用这个词的,已不仅限于语音学范畴,国外许多语种也都存在这个说法。但是,我们不同意把这个词做某些硬性规定,如"四种语调"——平直调、昂上调、弯曲调、降抑调;更不同意规定某种感情、某种语句,要用哪个语调去表达。这种硬性规定,并不符合语言现象的实际,也不能用以解决语言训练中的问题。

语调,通常被解释为声音的高低,不过是音节四调的扩大而已。即使作为语音诸要素的综合,也不可能囊括一切语句的声音形式。把语句的声音形式局限在高低上,甚至于把这高低限制在四种框子里,更希图得出某种以固定声音形式表达某种感情的公式,如果不是形而上学,也是不得要领。因之,即使使用"语调"来称谓语句的声音形式,也不要陷入某种狭隘概念中,切莫简单从事。

现在,我们可以讨论"语气"了。在播音创作理论中,语气极为重要,它不仅关系到目的、基调的落实、成型,而且关系到停连、重音和节奏的控纵变化。推而广之,它对文本的体裁、风格和播音风格都有着重大影响。这里,只从创作基础的角度加以阐述。

一是,语气的感情色彩和分量

语气的感情色彩是指语句包含的是非和爱憎等。是非,是指正确、错误、反对、支持、赞扬、批判、严肃、亲切、郑重、活泼、坚定、犹豫等态度方面的具体性质。爱憎,是指挚爱、憎恨、悲痛、喜悦、热望、焦急、恐惧、疑虑、冷淡、愤怒等感情方面的具体性质。态度、感情交融一体,可以展现各类语句的丰富多彩。就每一句说,这色彩极为具体细微,表述只能求其大略。

语气的感情分量是指要显示出是非、爱憎不同程度的区别,也可以叫作分寸、火候。这分量,有深度和广度的不同,差异也是存在的。分量的差异正是我们要具体把握的,可以用重度、中度、轻度来分别。分量在比较中显露,一篇之中,一句之中,都因主次不同而定。重度、中度、轻度各有其具体表现,生发开去,级差众多,绝非简单区分所能奏效,初学者也只能明其大略而已。

语气的感情色彩和分量必须以无产阶级的党性和党的政策为核心,必须以真、善、美为标准,失去这个共性,就会貌合神离,同床异梦,模糊乃至歪曲文本的精神实质。

语气的感情色彩和分量,以对文本的精心分析、具体感受为根基,以创作主体的真情实感为血脉,失去了这个特点,就会南辕北辙、拔苗助长,偏离以至背离具体文本的播讲目的。

语气的感情色彩和分量,不能与感受、态度、感情的酝酿、聚积过程同日而语,因为已经进入了表露阶段。感情的聚积,如果是"盘马弯弓惜不发"的话,到语气,应该是"俯身散马蹄"(散,射破;马蹄,一种箭靶)了。这里是有区别的,主要应把握语气的感情色彩和分量的可感性,我们的目的是要让受众感受到。犹如射箭,聚积臂力的过程与拉弓射箭的过程是由内而外的。所谓聚积臂力,不是以竭尽全力为最好,只有根据弓力和射程"箭无虚发"才算得上高明的射手。创作主体的感情聚积也不是殚精竭虑为最好,能够借助词语序列和声音形式"一语中的",方为上乘。其中,可能会有不完全统一的情形,或心有余而力不足,或心不足而力有余。我们必须朝着心力和谐的目标前进。

为了更加浅显地说明语气同具体感情色彩的关系,我们粗略地概括了十种情况:

"爱"的感情——气徐声柔;"憎"的感情——气促声硬;

"悲"的感情——气沉声缓;"喜"的感情——气满声高;

"惧"的感情——气提声凝;"欲"的感情——气多声放;

"急"的感情——气短声促;"冷"的感情——气少声平;

"怒"的感情——气粗声重;"疑"的感情——气细声黏。

这只是在一般情况下的大体状况,很多时候又是交叉重叠的,而且肯定有例外和差异,不能生搬硬套,更不能徒有其表。在拙著《朗读学》中,进行了较为细致的说明,可以参考。

正如人是社会关系的总和与结节点,语气是整个文本的总和与结节点。在这个意义上,有人说"人是用他的全部知识和智能来了解一个句子的",创作主体更应该用他的全部知识和智能来感受和表达文本中的每一句话。这个过程的运动形式不能不是语气。"任何运动形式,其内部都包含着本身特殊的矛盾。这种特殊的矛盾,就构成一事物区别于他事物的特殊的本质。"(毛泽东语)小层次、段落、层次、部分和整个文本的特殊性正是通过各个具有特殊性的语气溶化、贯穿而实现的。语气的感情色彩和分量必须是有特殊性的,才具体而微。目的和基调把各个语气联系在一起。各个语气因感情色彩和分量的差异又把它们区别开来。

由于篇幅所限,我们不可能举整个文本来谈。下面,我们以《中国石拱桥》这篇说明文中有关卢沟桥的几个句子简单考察一下语气的感情色彩和分量。

①桥宽约八米,路面平坦,几乎与河面平行。②每两个石拱之间有石砌桥墩,把十一个石拱联成一个整体。③由于各拱相连,所以这种桥叫联拱石桥。④永定河发水时,来势很猛,以前两岸河堤常被冲毁,但是这座桥却从没出过事,足见它的坚固。

①②③都有一定的赞扬色彩,但以"整体"为中心,①有平坦的感受,②有完整屹立的感受,③有一种命名的喜悦,④才抒发自豪感,而这种抒发,采取了反衬:水势急猛,河堤常被毁。一个转折,以"从没出过事"流露出"多么令人钦佩"的赞叹,显现了"坚固"的含义。从分量上看,如果④为重度,②为中度,③和①就是轻度了。

二是,语气的声音形式

语气既然是语言链条中的一个个环节,那么,它的声音形式应该在语流中形成。孤立地、静止地看语气的声音形式是无法顺利圆满解决问题的。为了在语流中考察语气的声音形式,我们认为,用"语势"这个概念比较妥当。

语势指一个句子在思想感情的运动状态下声音的态势,或者说有声语言的发展趋向。这中间,包括气息、声音、口腔状态三大方面。声音,当然是音色、音高、音强、音长的综合。

"世界上的事物,因为都是矛盾着的,都是对立统一的,所以,它们的运动、发展,都是波浪式的。……这是事物矛盾运动的曲折性。"(毛泽东语)播音中有声语言的运动尤其如此。有声语言的波浪式、曲折性是客观存在,不容否认。语调说的一大弊病就是用某种直线性代替了曲折性,用某种单向性代替了多向性。

有声语言的发展趋势是在主次矛盾运动中实现的,洪深先生在1943年《戏的念词与诗的朗诵》中就指出过这一点。他说道:"在说话的形式上,乃是一个强调或重读点,跟随着前一个强调或重读点,陆续吐发以声调为副产物的……"他说的"强调或重读点"即我们所说的"重音",他说的"声调"即我们所说的"语势"。语势的变化,必须建立在主次关系的变化上。因此,"语无定势"。不管从哪个语音要素上看,从气息和口腔状态上看,都不可能有某种固定的、到处可以套用的语势。我们说语势是个有声语言的立体概念,向强向弱,向高向低,向快向慢,向气息深浅、多少、快慢,向口腔状态松紧、开闭、舌位前后,几乎同时进行,用线条不能表现,用平面坐标也很困难。忘记了有声语言的立体感,就无法自觉地"登堂入室",只能徘徊于门外。这个事实告诉我们,作为时间艺术的有声语言是拥有空间财富的,它属于锲而不舍的开掘者。

那么,是不是就没有办法捕捉那瞬息万变、囊括六合的语势了呢? 做精确的描摹当然困难,用语势的模糊图形来写意,恐怕能稍许帮助初学者加以认知吧。

为了约略了解语势的情况,我们将有声语言中的语势分为五种基本形态:波峰、波谷、上山、下山、半起。这个划分,完全不是机械的,因为它体现了语流的曲折性,它显示了语言的立体性,它指示着语言的发展趋势,它适应着思想感情的运动状态,特别是它揭示着语流的走向,对用有声语言表达思想感情的运动有着提前把握、适当驾驭的巨大实践意义。

气息和口腔状态无法表示,只能从略,在面授时再具体指点是否正确。

语势的五种形态简述如下:

(1)波峰类:状如水波,中间是波峰。如:

现在是"讲卫生"节目。

(2)波谷类:状如水波,中间是波谷。如:

鱼在水中游。

(3)上山类:状如上山,盘旋而上。如:

数风流人物还看今朝。

(4)下山类:状如下山,顺势而下。如:

这次节目播送完了。

(5)半起类:上至山腰,气提声止。如:

你猜这个人是谁?

这五类语势的模糊图形,既然是基本的,那么,衍生语势就不计其数了。

不论是陈述、感叹、疑问、祈使,在某种具体目的支配下,在某种具体语言环境中,每个句子都可以找到自己的语势。我们这五类,并不是为了让初学者一句一句套用,只是为了说明注重语势的必要。初学者如果能从中得到启发,根据思想感情的运动状态灵活运用,就对了。

我们所举的例子,只是为了直观表现,并不意味着必须如此,以此为佳。事实上,依照图形去播音,十个有十个要失败。

不过,某种固定腔调的形成,不能不是语势的单一、单一语势的重复出现的产物。仅仅从思想感情的角度加以批评,恐怕是远远不够的。

语势问题,还有美学意义、韵律、意境、风格,都同语势有关,值得我们深入钻研。

对语气的认识存在着不少分歧,在播音的语气上也存在着不同看法。匆忙地下结论是不适宜的,一味地固执己见也不一定有益。在这方面,我们的看法不见得对,简单叙述如下:

(1)播音语言的依存性特点,决定创作主体运用语气要以文本为依据。不看文本的语言实际,语气就会像海市蜃楼。目前,文本的词语序列大约为两大类:一类是书面语,不论文言文还是白话文,都"比口语简洁,然而明了,有些不同,并非文章的坏处"。(鲁迅语)一类是口语,虽然明白如话,也不是生活语言的照搬。这两类,也有互相渗透的情况。同时,文本的体裁不能不对语气产生重要影响,新闻与小说、社论与诗歌,运用语气就很不同。另外,作者的文风也不可能没有差别。创作主体脱离这些去侈谈"说"还是"不说",总带有空泛之感。

(2)语气的生动,由许多因素构成,语言功力如何,是直接的因素。"功到自然成",不是灵机一动,心血来潮所能实现的。语言功力主要指作用于播音语言的能力,与生活语言有关,但并不就是生活语言的移用。出口成章、口若悬河的人,不一定是播音的巨匠。播音语言的特征是突出的,字正腔圆、呼吸无声、格式正确、轻重恰当、逻辑严密、不涩不粘、语势平稳、不浓不淡,等等,从语气的运用上看,恰是功力扎实、技巧高超的表现。把这些看作包袱,想甩掉它,恐怕会得不偿失。

(3)语气的生活化,是以剔除语言杂质、摒弃自然主义为前提的。不要以为加些"这个""那个",用些"的""了""吗""呢",用气发声松松垮垮,吐字归音懒懒散散,诸如此类,便是"生活化"。这是一种错觉或误解。艺术语言的各个门类都面临着语言"生活化"的问题,不过,"化"的方向不同。但是,不管什么方向,都必须"艺术化"。1961年6月19日周恩来同志《在文艺工作座谈会和故事片创作会议上的讲话》中谈到话剧问题的时候,就尖锐地指出过这个问题。他说:"话剧是一种综合艺术,……但是其中最重要的是语言的艺术化,话剧要通过语言打动人。话剧界的同志要我向毛主席做工作,请毛主席看话剧。我说,你们什么时候把话剧演得不像普通人说话,毛主席就会来看了。"这"把话剧演得不像普通人说话"是很值得我们深长思之的。话剧如此,难道播音却要播得像普通人说话才叫"生活化"吗?播音语言的艺术化如果是"向生活语言靠拢,向电影语言接近",前途是岌岌可危的。至于播音员演员化,播音戏剧化,更会销蚀播音的特色。借鉴是必要的,如果"借鉴"到"同化"的地步,语气再生动、再"生活化",也只能作为别一门类的附属品了。

(4)播音,如果要用什么来概括其语气的个性特征,只能是"播"。"播"的语气,既汲取了生活语言的精华,又汲取了朗读语言的神采。"播"比"说""讲""读""诵"有着更为广泛、深刻的内涵,是别的说法不可替代的。"报告新闻""播送通讯""播读公报""播讲小说"等,都带有"播"的特点,已成为"说书""演讲""朗诵"等艺术的同胞姐妹。"说"比起"播"来,不仅狭小,而且浅薄。"播"虽然包括"说",但这"说"已经在很大程度上脱尘出俗了。不是吗?即使主张什么文本都要"说"的同志自己,播音时也不像普通人说话,或多或少总是带上些艺术化的光环。创作主体的宣传员身份,宣传内容的真实性、庄重性,播音语言的规范性,都会要求我们用"播"的语气。现在和未来的播音风格、播音流派,都是在播的基础上、播的范围内形成、发展的。现在的播音,语气不够丰富,不够多样,一定要进一步改进、提高。然而,因此就加以贬斥、加以抛弃,实在是不懂播音艺术真谛的一种表现。我们是有信心的,我们的播音一定会达到行者"下担捋髭须""耕者忘其犁,锄者忘其锄"的境界的。

第四节 节奏

"节奏"这个概念,最早并没有声音的内容,后来,音乐中才使用它,表示那交替出现的有规律的强弱、长短的声音。但是,一直到现在,对这个概念也还是没有定论。到处都在使用它,却总是截取它的某个方面。我们不打算追溯它的历史源流,也不打算探讨它的准确含义,我们只想从播音表达的角度看看它对有声语言的作用。

节奏,是有声语言运动的一种形式。所谓"文采节奏,声之饰也"。这"声之饰"到底是什么样子,由哪些因素构成?其说不一。洪深说:"所谓节奏,乃是相等的即同长的时隔(time interval)为再现即回复的加强(stress)所刻画、所记出。"郭沫若说:"……先扬后抑的节奏便沉静我们,先抑后扬的节奏便鼓舞我们。这是一定的公例。"欧阳予倩说:"看起来话剧台词的进行是不规则的,但如果快慢、高低、轻重有一点处理得不妥当,不能和剧情的进展紧密配合,那节奏必然混乱;只要你能够结合着剧情的发展和角色心理的变化,那就能够掌握自然的节奏。"这些语言大师之间有什么分歧,我们不必追究,我们重视的是:他们给了我们什么启示呢?大约有三:一是节奏是语流中一定时间的回复现象;二是与声音的高低、强弱、长短有关,或者说,是通过这些来表现的;三是节奏与心理变化有关,即由心理变化决定,又影响心理变化。

由此看来,认为节奏只是抑扬,只是速度,甚至只是音节长短的说法,就显得片面了。可是,把节奏和速度等同起来的看法相当流行,初学者不可不察。

在播音中,节奏是由整个文本生发出来的、创作主体思想感情的波澜起伏所造成的抑扬顿挫、轻重缓急的声音形式的回环往复。

首先,节奏不是人为地、随意地制作出来的,必须以整个文本为依据,以思想感情的波澜起伏的运动为动因。失去了这个,节奏的生命力也就完结了。这是我们的正确的播音创作道路所规定的。

其次,节奏包括抑扬顿挫、轻重缓急,也是立体的,不是单线的、平面的。其中必然包括气息和口腔状态。

最后,节奏的核心是声音延续、语气流动中的回环往复。一记钟声、一次涛声,形不成节奏;一磴石阶、一根木柱也形不成节奏。没有声音形式的序列、呼应、再现、反复,只凭一个词、一句话,又怎么能谓之节奏呢?播音中,从文本的第一句(甚至应该包括台号、报题)到最后一句,在这全过程中声音形式的回环往复才构成这个文本的节奏。

这里,我们必须对回环往复加以说明。

我们播的文本,绝大部分是散文(广义),很少韵文(包括诗词),因此,回环往复既不是同一词语的定位再现,也不是同一韵脚的定位呼应,而应该是语气的色彩、分量,语势的相似体的不断显露。这相似语气,以重点语句、重点小层次等为主,不要求在非重点中相似。这相似语气,可以是一种色彩、分量、语势的相似,也可以是两种色彩、分量、语势的各自相似。

另一方面,相似语气是怎样承续的?是怎样"逢山开路,遇水架桥"的?也就是说,是如何转换的?

转换,是语流曲折性的要求,是语气衔接的重要方法。所谓"写气图貌,既随物以宛转;属采附声,亦与心而徘徊",正是转换的真实描述。转换的形式不可胜数,不可备述。从大小、上下、快慢、明暗、停连等方面,都可以找到它的承前启后的多种方式。创作主体把握转换时,一定要因势利导,迂回前进。该转时不转,不该转时硬转,该那样转时偏这样转,都会造成语言链条的扭曲、语言流动的畸形。在整个文本中,必然呈现转换的相似体。相似转换,也是以重点语句、重点小层次之前、之后为主;并且,相似转换的多次再现,也是构成节奏的重要因素。

相似语气、相似转换,在整个文本中形成回环往复的变化,重点在不断显露,非重点在不断伴随,节奏便可通过声音得以实现。

下面,简单举一例,以见一斑。

我国烤烟主要产区之一的贵州省∧到 4 月 2 日止已育烤烟苗五万四千多亩,足够种烤烟一百万亩以上。据称,这将是贵州省创纪录的。
目前,社员们正千方百计培植好烟苗,争取烤烟丰收。

这是一条简明新闻,一共才三句话。但是,它的节奏是可以把握的。创作主体以喜悦、轻快的语气,上山类的基本语势,起而复落的渐转,显示出回环往复的节奏。重音处于较高、较强、较慢的声音形式的位置上,非重音均较低、较弱、较快。全篇没有大的起伏波澜,平稳中见突出;语气色彩首尾一贯,分量参差不同,转换毫不着力。很多文本比这一篇变化多,就更能明显地认识节奏的运用了。

有的文本,存在两种相似语气,两种相似转换,就要处处注意具体把握。如《卖火柴的小女孩》,作者巧妙地利用了实境与虚境的强烈对比,把幻想中的"希望"与现实中的"破灭"结合起来,造成"冷酷"与"死寂"的惨境。相似语气,以惨境的凄苦语气为主,以幻境的惊喜语气为辅;低暗的色彩中,时有明亮的闪光;下山类的语势中,时有半起类语势的波纹;整体沉重的分量中,杂有某些中度轻扬的分量;较快较上的转换陪衬着较慢较下的转换。这样,就形成了这个文本的节奏。

我们对节奏的类型做了浅显的归纳,大体上可分为:轻快型、凝重型、低沉型、高亢型、舒缓型、紧张型。它们之间并不单一孤立,往往相互渗透。一篇之中可以其一为主,其余为辅。初学者可粗粗了解一二,待较为成熟时,再深入把握。

"不喊不革命"的时期过去之后,"不低不亲切"的标准又来蛊惑人心了。"以声挤情"虽然不好,"以声堵情"也不正确。单一的节奏必须改变,丰富的节奏才会到来。

节奏的运用,有一些常见的方法,我们掌握了它们,就可以熟能生巧,对各类稿件也就可能应付裕如了。

一是,欲扬先抑,欲抑先扬

"扬"一般指声音的趋势向上发展,"抑"一般指声音的趋势向低发展。如果重点要"扬","扬"前要"抑";如果重点要"抑","抑"前要"扬"。扬抑之间,不是僵化的,而是顺水推舟、循序渐进的。因此,"一扬一抑"之类太简单了,扬有稍扬、再扬、更扬,抑有稍抑、再抑、更抑等不同程度的差别。

二是，欲慢先快，欲快先慢

快慢是节奏的一个方面，不可忽视。"慢"是指字音稍长、停顿多而时间长；"快"是指字音短促、停顿少而时间短，连接较多。但不能认为"慢"就是每一个字的字音都同样长，每一个词或词组都停顿，停顿时间都同样长；"快"就是每一个字音都短促，没有什么停顿，都连起来播。这是不正确的，会造成"押"或"急"的毛病。我们应该努力做到"慢而不断""快而不乱"。在节奏的运用上，做到"慢中有快""快中有慢"。

"慢中有快"，是说全篇、某一段、某一小层次，由于思想感情运动状态的需要，语言流动基本上是舒缓的，但是，一定要在舒缓中找到需要加快的地方；"快中有慢"，也是这个道理，在基本上紧凑的单位里，找到应该或可以缓慢的地方。只有如此，才不会产生沉闷、拖沓或急促、浮飘的效果。要体现波浪式，要显示曲折性，如前人所说"急处需缓，走处仍留"，是重要方法。

无论是播还是听，人们都有一种快慢的节拍感。虽然难以用节拍衡量、标记，却的确存在这种语感，我们可以将其称为"语节"。语节对语流速度起着推动、控制、调节、变化的作用。初学者要学习如何把握它，对它的认识会由模糊而渐渐清晰起来的。到那时，那全篇、层次、段落、小层次以至语句的快与慢就可以连同停连的位置与时间一起，溶化为珠联璧合的行云流水了。

三是，欲重先轻，欲轻先重

轻重相间，虚实相间，也是形成节奏的重要方法。轻弹重敲、虚托实落，自成一种回环往复。任何文本都是响鼓重锤，弃虚就实，是节奏单调的一个重要原因。我们必须学会轻中有重，重中有轻，虚中有实，实中有虚。

我们所谓的虚，不是只有气音而无声，至多，也要半虚半实。从头至尾，一虚到底，唯恐别人受惊，像害怕第三者听到，也是一种单调的节奏，并不值得赞叹。

四是，加强对比，控纵有节

加强对比，使那些该突出的部分和该削弱的部分、该高或慢或重的部分和该低或快或轻的部分在声音上加以区别，是造成节奏变化的一个法宝。

语流行进，"逝者如斯"，在刚播出的词或词组与正在播的词或词组之间、在刚播出的那句话与正在播的这句话之间，对比的作用是很大的。创作主体语感的反差同受众听感的反差都告诉我们，必须在联系中找区别、找特点，造成同上句不同的色彩、分量和语势：或者趋于暗淡，或者趋于强烈，或者稍做曲折，或者相反相成，要显示不同；

如果不是整体不同,也应有部分不同。要努力避免这样的情况:创作主体播这句时同刚才那句差不多,受众听这句时和听刚才那句几乎一样,长此以往,还有什么节奏的丰富呢?

那么,相似语气、相似转换的回环往复会不会不利于加强对比呢?不会的。因为既非句句相似、处处相似,又非"相似"即"全等"。事实上,这相似语气、相似转换的回环往复更有利于节奏的控纵。

播音中的对比感与某些语言艺术的夸张对比是不同的,不能"上穷碧落下黄泉",似乎对比幅度越大越好。播音的对比,要控纵有节。

"控纵有节",首先,思想感情的运动状态要"胸中自有雄兵百万",不具备这一点,手无缚鸡之力,根本谈不上"控纵"。其次,感情的色彩和分量要"声中似带木讷之味",言犹未尽,蕴藉才能醇厚。最后,起伏有度,不以悬殊惊人,控制时不必过于紧缩,放纵时不必过于驰骋。一会儿风驰电掣,一会儿蜗行跬步,不符合播音有声语言表情达意的要求。齐越同志曾经说过:"播音,感情酝酿要到十分,表达的时候,出到八分,才能够不瘟不火。"我们说的"控纵有节"就含有这个意思。

我们播音中的节奏,还有一些问题必须解决,但那已经超出了创作基础的范畴,这里就从略了。

第五节　停连、重音、语气、节奏四者的关系

我们认为,停连、重音、语气、节奏四者,是既有区别又相联系的。凡是有声语言,尽管有粗细之分、文野之分、巧拙之分、生熟之分,也都会用到它们,但是,播音中是一种什么情形呢?

戏剧艺术,诗歌艺术,特别讲究节奏,甚至是以节奏为中心,它们的情节性、韵律性很强,动作性、抒情性很强,以节奏为中心,是有道理的。

播音,除播文艺作品之外,都要注重真实性、转述性,那政策性、新闻性不能不使我们强调语言技巧的分寸感。无论从内容的要求上,还是从听觉的要求上、时间的序列上,我们都不能忽视语气在对待停连、重音、节奏的制约和统率上的核心作用。

为了叙述的方便,我们在前面分述的基础上只加以概括,不再重复和展开。

第一,语句在文本中的位置,明显地居于具体语言单位的位置上。音节与词、词组按照语法规则组成了它,它又按照思维过程、生活逻辑组成了文本。这种单位性,既表

现了它的灵活性，又表现了它的确定性。播音过程，实质上是沿着一定的序列逐个表达语句的过程。因此，也可以直接地说，播音是语气的时间变换过程。

有人说，我们是在播一篇完整的文本，怎么能说是播一个个句子呢？不错，我们的任务是把完整的文本呈现在受众的脑海里，正因为如此，我们才有一系列的要求。然而，不可否认，那完整的文本是一句一句地输送出去的，而不是一股脑儿输送出去的，每一句播得如何，是不是清晰、准确，是不是承上启下、应前呼后，便成为体现文本完整性的重要一环了。忽视了一个个语句的思想感情色彩和分量，句句相同，或囫囵吞枣，文本的完整性又何在呢？

抓住语句，才能把握和表达整个文本，也才能分析和感受其内部的构成与含义，重音的确定与表达、停顿的位置与时间、连接的速度与方式，才能有所凭借，而节奏的重点语气的回环也才可能发生和落实。

第二，语气是在上下文的具体环境中实现和显露的，我们不能不用很大的气力去探究语气的个性。一个语句，处在文本的什么位置上？它从哪一个角度，用什么样式显示自己的存在？在语流中，它又是怎样地顺流而下或逆流而上呢？这个性中蕴含着怎样的共性呢？它在多大范围内、多大程度上表露着文本的目的性与感情性？那基调的统一性、变化性是怎样由它来承担的呢？忽视了语气，这一切都会成为不可捉摸的空灵的东西了。

这里，我们特别要提出基调同语气的关系。作为文本的基调，不但应该是播音前理解或感受的产物，更应该是形之于声过程中及结果的听觉判断的产物。我们说，基调必须通过语气体现出来，产生了客观效果，才真正成其为基调。重点语气如何处理，如何呼应，也就决定了重音和停连如何处理。基调也正是语气的总和，这其中，节奏不可避免地受基调制约，当然语气的表达不能不影响着节奏。我们一再指出，节奏应该是语气以及语气衔接的必然。

第三，党的方针政策的宣传，饱含着色彩纷呈的角度，也饱含着恰当贴切的分寸。失去了分寸感，不但没有了对现实的评价，也就没有了有声语言的可感性。分寸感，体现全篇的色彩和分量。不紧紧抓住语气的表达，语句、层次、全篇的分寸感便有失之于笼统、刻板的危险。

新闻性文本的播音，不像文艺作品那样采取夸张、渲染的方法表达，而重在符合方针政策的恰当贴切的分寸。体现不出党的方针政策的恰切分寸的播音，是达不到准确、鲜明、生动的要求的。我们说，语气的分寸感如何，不仅关乎本句，也关乎整个文本的表达。节奏，也只有在准确把握语气的基础上，才能发挥它的能动作用。

第四，停连、重音要服从语气和语气的衔接，这一点已经被承认了。那么，节奏要不要服从语气的需要呢?还是反过来,语气要服从节奏的需要?至今对这个问题的看法还似乎不甚一致。这里,我们可用一个短小的例子加以说明。例:

> 我这时突然感到一种异样的感觉,觉得他满身灰尘的后影,刹时高大了,而且愈走愈大,须仰视才见。而且他对于我,渐渐地又几乎变成一种威压,甚而至于要榨出皮袍下面藏着的"小"来。(鲁迅:《一件小事》)

这是《一件小事》重点层次的末尾,在同车夫的对比中"我"受到了教育。这一段,在节奏上是凝重、沉缓的,体现着"我"的惭愧之情和钦敬之心。但,这种节奏从何而来呢?是由这一段的具体内容、具体思想感情运动决定的,是由每一个语句的具体含义和具体表达样式决定的。因此,对"高大"的钦敬之心,显得语气昂扬,而一直到"我不能回答自己"的愧疚之情的深挚,语气愈益沉缓,正是由"我"解剖自己的多个语气所组成。全段中的凝重、沉缓并非句句如此,那变化,正需要对句句语气的准确把握,正需要各语气之间的有机衔接。由此可见,如果不满足语气的需要,则节奏就将成为无根的浮萍、随波逐流,起不到应有的作用。或者,成为某种声音变化的外壳,公式化、一般化地显示自己的存在。这样,恐怕是徒有其表了。

第五,我们主张语气中心,并不排斥、摒弃节奏本身。因为,我们认为,节奏并非一种可有可无的附加品或副产品,它应当能动地作用于文本,使播音创作更加完美。节奏的能动性表现在:

首先,在一定范围内改变语气的声音形式,如稍高些、稍低些、稍慢些、稍快些、稍强些、稍弱些、稍紧些、稍松些等。这"一定范围"的意思,就是不能改变语气的主要色彩和一定分寸。在这一点上,节奏中心的意思是节奏可以改变语气的色彩和分量。

其次,在语气基本定型的条件下,由于作者、文本和创作文本的不同风格,在节奏上允许有某些不同。这是因为,节奏对语气的反作用是存在的。即,从语气到节奏的过程中,有时出现再从节奏到语气的过程,这时,就要根据全篇节奏的需要对语气和语气的衔接给以强化和弱化,以达到更有利于全篇的完美表达。

最后,在并列、对比、排比、有韵的句段中,也可以从节奏的角度丰富语气的色彩和魅力。这一点,也可以理解为美学角度的不同要求。

仅从以上五点,我们是不是可以说,在播音中必须特别强调语气的作用,以便更和谐地处理语气同停连、重音、节奏的关系呢?

在目前的播音状况中,千篇一律的情况比较普遍,寻其根源,主要是语气缺乏具体性、鲜明性、准确性和生动性的缘故。如果只停留在节奏的安排上,充其量只能多一些变化,而不可能从根本上解决问题。

有不少同志在停连、重音、语气、节奏之外，还想另辟蹊径，找出更多的表达方法，这种精神是可贵的。然而，更可贵的，还是在现有表达方法的基础上，在反复的实践中，有针对性地突破播音的固定腔调，争取在博采众长之中，创造出为广大受众所喜闻乐听的、具有中国作风和气派的新作品来。当斯时也，新的表达方法便可能应运而生了。

➤ 知识梳理

播音中思想感情的表达方法是停连、重音、语气、节奏。

停连，包括两个方面的问题。停，指停顿；连，指连接。有停顿，有连接，才能更好地达意传神。停连的类型有十种：区分性停连、呼应性停连、并列性停连、分合性停连、强调性停连、判断性停连、转换性停连、生理性停连、回味性停连、灵活性停连。

重音：为了突出地、明晰地表达出具体的语言目的和具体的思想感情，语句中需要着重强调的词或词组就是重音。重音的类型有十种：并列性重音、对比性重音、呼应性重音、递进性重音、转折性重音、强调性重音、比喻性重音、拟声性重音、肯定性重音、反义性重音。

语气是思想感情的运动状态支配下语句的声音形式。

语气的感情色彩是指语句包含的是非和爱憎等。感情分量是指要显示出是非、爱憎不同程度的区别。语气同具体感情色彩的关系大概有十种情况：

"爱"的感情——气徐声柔；"憎"的感情——气促声硬；

"悲"的感情——气沉声缓；"喜"的感情——气满声高；

"惧"的感情——气提声凝；"欲"的感情——气多声放；

"急"的感情——气短声促；"冷"的感情——气少声平；

"怒"的感情——气粗声重；"疑"的感情——气细声黏。

语气的声音形式具体表现为语势。语势指一个句子在思想感情的运动状态下声音的态势，或者说有声语言的发展趋向。语势的五种形态是：波峰类、波谷类、上山类、下山类、半起类。

节奏：在播音中，节奏是由整个文本生发出来的、创作主体思想感情的波澜起伏所造成的抑扬顿挫、轻重缓急的声音形式的回环往复。节奏运用的方法：欲扬先抑，欲抑先扬；欲快先慢，欲慢先快；欲重先轻，欲轻先重；加强对比，控纵有节。

停连、重音、语气、节奏的关系：除文艺作品之外，我们不能忽视语气在对待停连、重音、节奏的制约和统率上的核心作用。只有在准确把握语气的基础上，节奏才能发挥它的能动作用。停连、重音要服从语气和语气的衔接。

思考题：

什么是语气？试就一句话变换不同的语气。

第九章

播音状态

第一节　状态自如
第二节　排除干扰

话筒前播音状态的基本要求是：全力以赴抓目的，精神集中播内容。

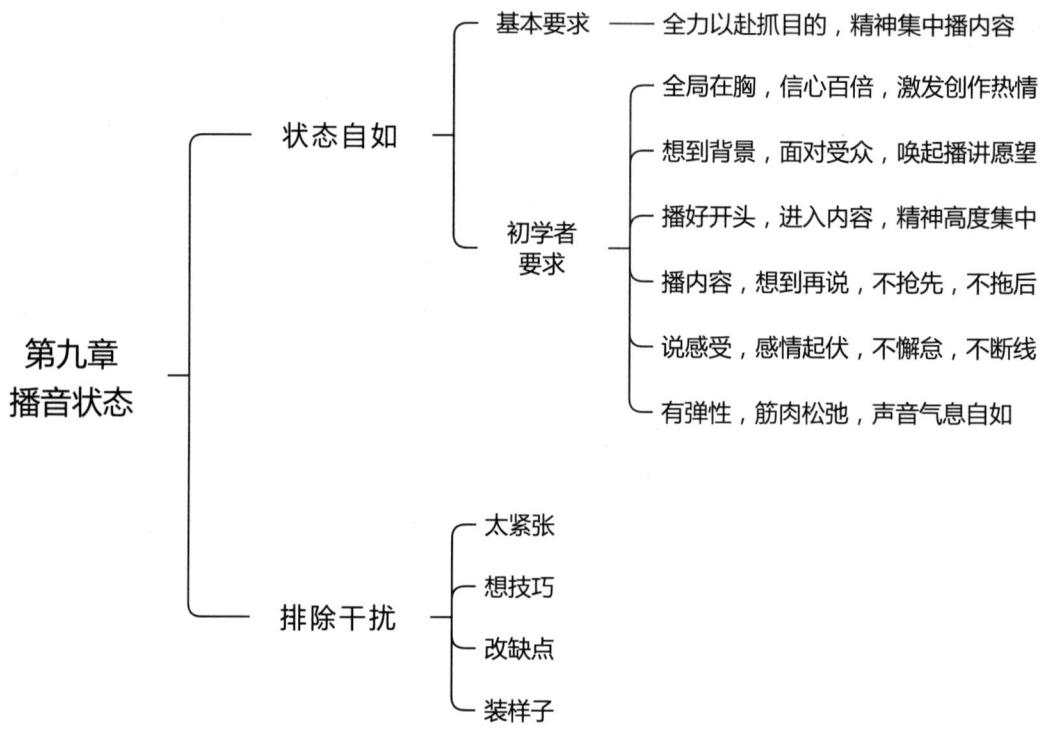

第一节　状态自如

要做到状态自如，给自己的心理暗示就是："我就是我。"不要放松自我的主体意识，不模仿他人，不扭曲自身；又不放纵自我的个性张扬，不粉饰自己，不轻视受众。时刻坚守：实事求是、正义在胸，无所畏惧、绝不退缩；热情服务、真诚表达，兴味盎然、乐此不疲。

创作主体准备好创作文本，不是到教室里讲课，也不是到舞台上演出，而是到话筒前播音。在话筒前，我们怎样工作呢？怎样才能有一个正确的播音状态呢？这是极为重要的问题。可以说，话筒前的播音状态好不好，是播音成败攸关的问题。所谓成败攸关，当然不是否认备稿的重要。如果你对文本里的字句还不懂，对创作文本的内容非常陌生，对创作文本的形式捉摸不定，诸如此类，是不可能有高质量的播音的。即使在话筒前播音状态较好，也无济于事。但是，往往有这种情况，有的人对创作文本准备得还好，在理解、感受和表达技巧上都花了很大气力，一到话筒前，却脑子空空，只有照字读音的被动状态，没有传情达意的主动状态，只能应付，不能创造。这样，播完以后自己都会感到十分遗憾，仿佛功亏一篑，功败垂成。同样的道理，理解、感受文本的准备工作做不好，我们也不容易获得良好的播音状态。准备工作做得较好，有利于播音状态，这种说法正确，但不全面，在实践中，相反的情况并不少见。这里的问题是：话筒前的播音状态怎样成为一个独立的重要问题？话筒前良好的播音状态怎样获得？我们从一般情况下的共性问题的角度对这个问题给以说明。

话筒前是创作主体的阵地。努力获得良好的状态，是创作主体的一项基本功。但是，话筒前的状态涉及很多问题，如话筒前工作的原则、要求和方法；每个创作主体的政治觉悟、业务思想、业务水平；工作环境和条件；具体的主客观矛盾；等等。有的要靠党的领导、同志们的帮助，有的要靠刻苦的钻研、勤奋的实践，有的需要积极进取，有的需要潜心揣摩。这些，都不能忽视。

我们要着重说明的，是继备好稿之后，到话筒前如何播好。其他问题不属于我们研究的范围，不便赘述。但是，我们可以毫不夸张地说，在话筒前播出的每个文本、每一句话,都是创作主体整个生命的综合体现,是具体创作主体这个"人"的声音、气质、经验、学识、情操、素养等的综合显露。"播如其人",就像作家的写作"文如其人"一样,是有一定道理的。这就告诉我们,广义备稿,加强创作主体的思想业务修养,是十分重要和必要的。

话筒前状态如何,不是某一个定理或逆定理就能决定的,任何简单、笼统的说法都会出现纰漏。如,只要思想好,话筒前状态就好;或者,只要技巧好,话筒前状态就好。反过来说,话筒前状态不好,就是思想问题;或者,就是技巧问题。这类说法,难道是可取的吗?我们主张具体问题具体分析、具体解决。

从创作准备一开始,就创作主体来说,就进入了创作状态。一种萌发、跃动的创作冲动,逐渐加强、丰满,继续到坐在话筒前,延伸到结束播音之后。这个过程中,不可或缺的是创作主体对具体文本的把握和驾驭。

具体地说,到话筒前播音,应是进入创作状态、实现创作理想、达到创作目的的真正创作过程,不能认为是播音的扫尾阶段、完成阶段。因此,创作主体的心理、生理状态都是最积极、最充沛、最丰满、最灵动的。它最基本的要求是:全力以赴抓目的,精神集中播内容。在话筒前,老播音员能够"八仙过海,各显其能",而作为初学者却不应"六神无主,无所适从"。我们下面谈到的东西,就是在一般情况下必须考虑的问题,初学者可"顺藤摸瓜",化为自己的状态,在话筒前体现出来。这些问题,不是一种模式,不是为了使初学者"削足适履",而仅仅是提供某些线索,这应该是不言而喻的。

文本是创作的依据,宣传的目的是把文本化为有声语言的贯穿线。目的越明确,贯穿线越鲜明,便越有利于话筒前的创作。这样我们通读文本的具体内容,从容、主动地显露出文本的宣传目的。

一是,全局在胸,信心百倍,激发创作热情

我们的播音,是整个事业的"齿轮和螺丝钉",是宣传工作的一个重要组成部分,是播音宣传的"门面",它既可以使文本增色,取得显著的社会效果,又可以使文本减色,降低广播电视节目的质量。创作主体在话筒前既不是以个人的身份,也不是以文本作者的身份播音,而是以新闻工作者的身份,向受众传播党和人民的声音。社会生活的每一个成就、每一个进步、每一个典型、每一个曲折,都是时代脉搏的跳动、历史风貌的展现。这样,全局和局部、整体和个人,就统一在话筒前的具体创作中了。这时的创作主体已经不再是孤立的个人,他(她)似乎已融入了历史的画卷中、时代的潮流中。

这时的创作主体,除了去完成具体的播音工作之外,已经没有任何其他的负担。

为了完成播音的创作,一种不可遏制的创作冲动促使他(她)集中力量于创作对象,那些复杂、纷繁的思路和意念似乎都净化了。

创作热情并不仅仅是由对某一篇具体文本的兴趣激发起来的,它是创作者对创作对象的认识、评价和审美感受的长期积淀逐渐聚集起来、增强起来的,但它一直处于日常的潜伏状态,一旦有具体对象的招引、有具体条件的支持,便如点燃导火索之后那样,预示着不可遏制的爆发。

当创作主体坐到话筒前时,如果还处于日常的一般平静状态,那就说明,还没有点燃那导火索,还需要采取某种办法,把备稿时的具体感受重新唤醒。否则,根本谈不上创作的开端。

二是,想到背景,面对受众,唤起播讲愿望

这虽然是备稿时解决了的问题,但是,如果感受的闸门已经关闭,想象的翅膀已经收拢,我们就不能认为备稿时的一切会自然而然地涌现出来,而采取等待态度。这时,只能连通备稿时贮存在记忆中的相关路径,引动记忆中的心理变化,把自己置身于文本展现的天地之中:这样的文本,这样的内容,这样的背景,这样的受众,使我们感受到生动的现实、沸腾的生活,心中觉得充实,并且受到鼓舞。因而,更感到"为什么播出这个文本"的具体需要,油然而生的播讲愿望又开始催动着创作的进行了,比备稿时显得更真切,确实觉察到创作已"迫在眉睫"了。就像站在网侧的排球运动员,对方已经摆好阵势,裁判员已把口哨放在唇边,就等哨声一响,立即迎战了。这个过程,非常短暂,但可以使我们的思想感情马上处于运动状态。

三是,播好开头,进入内容,精神高度集中

如果有时间,可以先试播开头几句,把握基调,把握思想感情的运动状态,把握语气和节奏,并适当调节一下气息和声音。一个好的开始,就是成功的一半。播好开头是播好整个文本的基础,一定不要贸然正式开始播音,更不要寄希望于"播下去,自然便会进入内容"。

从呼台号、报题目、播开头,就要全神贯注到文本中去。那种"眼睛看字嘴里念,不知播啥心里乱"的状态,只能导致播音的失败。

所谓"全神贯注到文本中去",就是把文本的内容、语句作为注意的中心,就是进入文本。要注意,进入不是陷入。陷入,是"无我之境",创作主体忘记了自己的存在,忘记了身外的一切,甚至忘记了此情此景之后的转换。而进入,是"有我之境",创作主体时时意识到自己是文本的驾驭者,在创作时、在转移注意中心时,自觉地,对在自己注意的边缘里发生的事,有时也相当清楚,只是不让那些无关紧要的东西干扰自己注意的中心。

事实上,跑神儿、走思的情况是常见的。有经验的创作主体总是用自己的意志杜绝它、排除它,使它一到注意的边缘就被赶走。而当播错的时候,也许正值兴味极浓的时候,也能马上发现,改错之后,又会顺畅地进入下面的内容,似乎什么也没有发生过。

所谓进入文本内容,有程度深浅之别。急稿直播时,一般只抓轮廓,求得大体贴切,很少可能过细地处理。那些有充分备稿时间的文本,我们在播出时便更胸有成竹,处理得可能很精细。但,进入不是陷入,也不是不入,这个界限是明显的。

四是,播内容,想到再说,不抢先,不拖后

文本的内容是一句一句说下去的,文本叙述或论述到哪里,我们的思想感情就要处于哪里的具体运动状态。还没有播到那个内容,就已经产生了那种内容所要求的具体状态,就是抢先;已经播到这个内容,我们的思想感情运动的具体状态还停滞在前面内容所要求的具体状态上,没有随着内容的推进而转换状态,就是拖后。

在话筒前播音时,不抢先,不拖后,是很重要的。这样做,可以使目的贯穿线不中断,使我们的思想感情紧扣着文本的具体内容而运动,使我们的精神一直集中在文本的内容上。

下面,我们试用一句话,看看话筒前播音时具体的状态。

深秋的清晨是寒冷的,周总理却送来了春天的温暖。

这个例句,分上下两个分句,自然界是深秋,生理上感觉寒冷;社会主义祖国是美好的,周总理处处关心人民,心理上感受到春天的温暖。这里,寒冷与温暖是对比映衬的,不应混淆。播"寒冷"时,不能感觉温暖;播"温暖"时,不能还存有"寒冷"。这种不抢先、不拖后的播音状态才会贴切地表达文本内容。初学者,要在实践中反复体会,久而久之,便可以养成习惯。

五是,说感受,感情起伏,不懈怠,不断线

文本的每一部分、每一层次、每个段落、每个句子,我们都要把词语系列化为自己的具体感受,化为具体的态度和感情。态度的变化、感情的起伏,波澜万状,不断前进,充满着目的贯穿线。任何一处,都不能没有自己的感受,没有自己的态度和感情。凡是没有感受的地方,感情也就会降到零度,思想感情的运动状态也就停滞、中断了。上一句缺乏具体感受,感情到了零度,下一句再重新引发感情,使思想感情处于运动状态,就得从零开始,必然十分困难,我们必须防止思想感情的静止、停滞和冷漠。

思想感情的运动状态是时起时伏的,不应该是时有时无的。在思想感情的运动状态向高昂、强烈的色彩发展时,我们容易体会到,容易觉察出来,确实感觉得到"运动状态";而向较为平静的色彩发展时,我们便容易懈怠,容易冷下来,似乎把握不住怎样"运动"。在另起一个意思的地方,在比较次要的地方,在较为松弛、平静的地方,尤其要抓紧贯穿线,不可使一环脱落。从表达上看,必须力求恰到好处,不瘟不火,不僵不泛。

对象感、情景再现、内在语,在备稿时是想得多、想得深的,已经给我们留下了较深的印象。在话筒前,它们便会随着文本内容的发展,语气的不断变化而涌现出来,发挥作用。但是,它们的出现不会是孤立的,并不是说,我们播每一句话,具体对象都一定要清晰地浮现在眼前,一幕幕活动的场景都一定清晰地在脑海里展现,内在语的每个字都清晰地在我们心里闪现。不是的,在播音过程中不会如此,也不必如此。关键是这些内在因素所形成的感受。这些感受总是综合的、复杂的、交织在一起的,与文本中具体内容、语句血肉相连地融合在一起。这里,我们可以称之为"综合意念",在备稿的基础上逐渐呈现,在播音过程中自然流露。不从感受里去开掘、引发,只从词语上去苦思冥想,反而会"有意召之不来";一旦形成综合意念,有时会"无意为之遽至",特别是灵感出现,甚至可以左右逢源。忽视了这一点,在话筒前一味追求具体对象、具体画面、具体内在语的字句的清晰表象,只能造成干扰,必然事与愿违,事倍功半。

六是,有弹性,筋肉松弛,声音气息自如

在播音目的的鼓舞下,全神贯注到文本的内容里面,思想感情处于运动状态,身体各部分的肌肉就会松弛——当然不是懈怠。这不但有利于头脑清醒、感情丰富,也有利于声音气息的运用自如。松肩、松胸、松腿、长吁一口气等,往往是克服僵持、紧张的一个应变办法。

创作主体到话筒前播音,只能凭借自己的声音,但是,千万不要忽略"喜形于色"之类的面部表情。面部表情应该符合文本内容,符合思想感情的运动状态。适当的面部表情和简洁的少许手势,虽然不是为了表演,但会化入声音之中,有利于表达文本语句的感情色彩和感情分量,特别是有利于电视播音员"出图像"的需要:"形神兼备"。

应该学会话筒前状态的调节。在播音过程中,在思想感情不断变化的过程中,有时,忽然感到声音紧了、压了,或者气息浅了、憋了……不要无所措手足,更不要硬着头皮顶下去,而要适当调节。我们所说的调节,是紧密结合内容的变化,主动积极、适时迅速地调节,这种调节在播音中是完全允许的。当然,初学者要警惕把这种调节看作抛开文本内容的、主观随意的搅扰。积极有效的调节,是有利于提高播音质量的,受众是听不出来的。在这方面,要达到熟练,绝非一日之功。基本功的根底愈深厚,在话筒前声音气息的运用就愈自如。电视播音员更不可忽略这一点。

话筒前思想感情的运动状态,必须通过声音气息有弹性的变化才能表达出来。气托声,声传情,放得开,收得拢,既有控制性又有自如性,这就是有弹性的表现。弹性的幅度和力度,以基本功为基础,以话筒前的良好状态为条件。到话筒前播音,应该如鱼得水,有一种幸福感,好像是一种享受,而不应该显得捉襟见肘,忐忑不安。

以上六点是初学者要努力掌握的,与此同时,我们还要不断克服话筒前容易出现的问题。

第二节　排除干扰

初学者在话筒前容易出现的问题,会对自身造成干扰。初学者容易出现的问题有以下几点。

一是,太紧张

在话筒前过分紧张,失去了自如性,束缚了创造性,原因可能是多方面的,但我们不可一概归咎于"话筒前不习惯",而应寻本求源,以便对症下药,努力克服。

在话筒前过分紧张,完全可以解决。不过,用"别紧张"来自我安慰,是消极的、无济于事的。我们必须努力抓住播音目的,积极引导自己的思想感情全部集中到文本内容上去,这是自我引导和自我控制相辅相成的心理过程。任何紧急的情况、不利的因素,都不应成为创作主体紧张的理由,这是职业和职责的要求。强调客观原因,原谅自己太紧张的状态,恰是对主观因素的漠视,甚至放纵,不利于吸取教训。

二是,想技巧

播音时,一味考虑声音大小、气息深浅,这里是停顿,那里是重音,这儿要快点,那儿要慢点,等等,似乎没有离开文本,似乎不是跑神儿,但实际上并不曾有动于衷地进入内容,而是在想技巧。越这样想,越失去自如,思想感情也就越失去了运动状态。

备稿时画的符号、进行的技巧设计,只是播音时的辅助手段,是拐棍,只起提醒作用。它们一般只在注意的边缘,而不能占据注意的中心。偶尔进入注意的中心,也一定要迅速退出。技巧一旦占据注意中心,又不迅速退出,文本内容的依据作用便会消失,思想感情的运动状态便会涣散,只剩下一点轻浮的表现欲望了。话筒前无动于衷或感情不真实,思路不清或常常中断,即使有声语言与设计相同,与符号吻合,那也是味同嚼蜡,毫无魅力。而思想感情的运动状态与文本内容一致,即或打破了原来的设计,也会较好地传情达意,甚至可能比原来的设想更好,可能还会有新的创造,产生意想不到的效果。

有的人不画符号,有的人很少画符号,也有的人句句画符号,这都是可以的,特别是较急的文本,画一些提示性的符号,可以避免差错,可以更好地为表达服务,有利于我们在话筒前心中有数。但是,一切技巧性的东西,都包含着"熟能生巧"的因素,要排斥生涩的拼凑。技巧必须为我所用,我们不能当技巧的奴隶。为我所用的技巧必然是夜有所思,日有所悟,招之即来,来则能用的。运用技巧时,如驾轻车就熟路,少有障碍。在话筒前一味想技巧,恰恰说明正被技巧驱使;如果不想技巧,技巧就会跑掉。实践证明,技巧是在话筒前想不来的,应该在平时苦钻苦练。

三是,改缺点

我们理解文本、表达感情,我们运用声音气息,总会有这样那样的缺点,在播音中总会或多或少地表现出来。有的缺点自己了解,有的缺点是在试播时或上次播音后才被别人指出来的。对于这些缺点,我们迫切希望能迅速改正,这是可以理解的,是对的。但什么时候改,怎样改,这就涉及平时和话筒前的关系问题,也就是练与用的关系问题。

总的原则是:话筒前不能有想改正缺点的负担。

不论是新缺点还是老缺点,不论这个缺点好不好改,纠正起来都需要时间。有的,要经过相当一段时间才能练好;有的,加以注意可能马上就能改好,但也得形成习惯以后才能自如地在话筒前表现出来;有的,则应在备稿阶段解决,作为难点,反复试播。这些缺点,在话筒前去想,有百害而无一利。这和打仗时的情况差不多。如射击姿势不对,影响射击的准确性,那就要在平时苦练,形成习惯。如果到战场上临时去想,去纠正,敌人已经跑远了,甚至攻上来了还在想应该纠正某个姿势,是很难达到迅速消灭敌人的目的的。"临时抱佛脚",充其量只能应付一时,却不能彻底解决,更何况那应付也是相当尴尬的呢。

我们到话筒前,就如同战士进入战斗岗位,要全力以赴去完成党的宣传任务,而不是去改播音中的缺点。存在的缺点与完成宣传任务之间的矛盾,是可以逐步解决的,但不能只靠在完成宣传任务的过程中凑合,更不能以改缺点为话筒前工作的目的。初学者应以完成宣传任务为中心,在话筒前努力做到全神贯注,进入内容。在这个过程中暴露出缺点,更有利于捕捉播音中的主要问题,更有利于平时的基本功训练,当然,也有利于检验克服缺点的进程。如果一味掩饰缺点,在话筒前着力于改缺点,不但播音质量会明显下降,也会给真正改缺点带来困难,正所谓"欲速则不达"。

四是,装样子

播音时,自己没有感情,硬要装成很激动的样子,这是很讨嫌的。用声音制造虚假的感情,摆出一副装腔作势的样子,不但不可能吸引人、感动人,而且只能是对受众的愚弄和欺骗。想从声音的外在形式上解决内在感情问题,那是舍本逐末。我们应该千方百计调动起思想感情的运动状态,让真挚的感情溢于言表,这才是老老实实的态度。

有的创作主体播一些重要稿件,往往从表面上追求气势,端着架子,字字用力,高音大嗓,甚至不惜声嘶力竭,声音形式脱离了稿件内容,违背了稿件宣传目的,失去了话筒前的自如状态,这种"费力不讨好"的做法,也是一种装样子的现象,用心是好的,效果却并不好。

有的创作主体自视甚高,以"教育者"自居,播音中有一种"傲气"。这是因为没有以平等态度对待受众。我们是人民的勤务员,是以传达党的方针政策、宣传国内外形势、传播知识等为人民服务的。播音中的高度、气势,来源于对文本的深刻理解和生动感受,不是装腔作势、借以训人所能济事的,越摆出一副了不起的样子,受众越不买你的账。

有的创作主体过分地"屈己尊人",倾心于所谓亲切自然的语气,醉心于柔声细语,甚至用"半个嗓子"说话,唯恐吓着别人。这同样不是以平等态度对待受众,还杂以某些不正确的审美情趣。把播音作为某种推销产品的广告,处处乞求受众、讨好受众,似乎要迎合什么。这种装样子,并不给人以落落大方、胸怀坦荡的感觉。同样是不妥当的。

初学者最忌不会走就学跑的做法。基本的东西并未掌握,却求其皮毛,追求一种"固定腔调",以为就是入了门。这种想法和做法是错误的。这不但违背了播音的正确创作道路,而且是在扼杀自己创造力的生机。因此,装出一副"像播音"的样子,对初学者将贻害无穷。

总之,在话筒前,太紧张、想技巧、改缺点、装样子,都是获得良好状态的障碍。实质上,不管自己是不是意识到了,都会造成失去文本宣传目的的结果,都会使注意力分散,造成播音目的的转移。在话筒前,目的转移是最大的敌人。

在电视日益普及、广播增加视频、网络视听拓展、手机上网迅捷的今天，只关注声音的状况已经远远不够了，还必须讲究"图像"。这样，创作主体的"镜头感"的获得就显得十分重要而必要了。镜头前的状态，首要的是"面部表情"，而核心是"眼神"——专注而有神。那些过分强调"发型、化妆、衣着、姿势"的人，既没掌握正确创作道路的主旨，也未感悟审美期待的要义。大量的时间耗费在次要的方面，却没有加强"端庄大方""鲜活灵动"的亮点，岂非因小失大？图像的基本要求，并不完全是"漂亮"、"艳丽"，而是"炯炯有神"的眼睛，还有"丰富生动"的表情。即使穿上最珍贵的衣服，烫上最时髦的发型，容似西施，貌比潘安，如果眼大无神、表情呆滞，也会给人以刻板、僵硬的感觉。抓住了这个关键，镜头前的状态才可能达到受众需要的"可看、爱看、耐看"的传播要求，才可能产生吸引力、感召力和艺术魅力。

在话筒前，还有与话筒的距离、坐的姿势等问题，搞不好也会干扰精力的集中。例如：距话筒太远，便产生一种怕音量小、努力要靠近话筒、用气发声不自如的自我感觉。这种情况很容易分散精力，甚至成为播音过程中的一块心病，从而影响思想的积极运动。这些，也应从一开始学播音时就加以注意。

我们要通过反复实践，不断总结经验教训，努力获得话筒前的良好状态，为提高播音质量修筑坚实、广阔的前沿阵地。

→ **知识梳理**

话筒前播音状态的基本要求是：全力以赴抓目的，精神集中播内容。初学者要努力掌握以下状态：一是，全局在胸，信心百倍，激发创作热情；二是，想到背景，面对受众，唤起播讲愿望；三是，播好开头，进入内容，精神高度集中；四是，播内容，想到再说，不抢先，不拖后；五是，说感受，感情起伏，不懈怠，不断线；六是，有弹性，筋肉松弛，声音气息自如。

初学者在话筒前容易出现的问题是：太紧张、想技巧、改缺点、装样子。这些问题都会对初学者造成干扰。

思考题：

播音状态怎样才能够自如？

第十章

表达规律

第一节　思维反应律
第二节　词语感受律
第三节　对比推进律
第四节　情声和谐律
第五节　呼吸自如律
第六节　自我调检律

播音表达规律，从广播电视传播角度概括，大约有六条：思维反应律、词语感受律、对比推进律、情声和谐律、呼吸自如律、自我调检律。

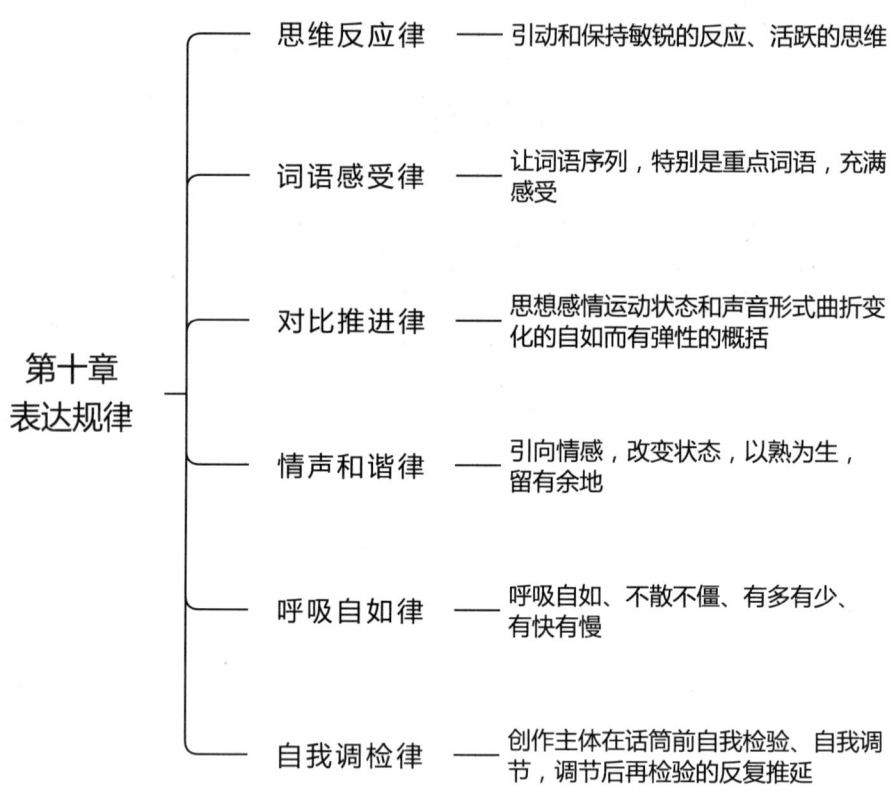

有声语言创作,一切都存储在创作主体的胸间脑际,一切都有创作主体的支配驾驭,任何"前馈""中馈""反馈",任何他人的指点、建议、评价,都完全掌控于创作主体的创作过程之中。创作实践的理路、情趣,当然呈现创作主体"个体"的意识形态、价值观念、文化底蕴、审美取向,初学者也会蕴含着艺术个性的萌芽,成熟者自当染上个人风格的特色。但是,创作主体的有声语言表达,一定存在着共同的规律,这就是"表达规律"。

所谓规律,是指事物之间内在的必然联系。这种联系,具有经常性和普遍性,并由此而带有特征性。它应该是客观存在的,要求人们遵循的。但由于人的认识的局限性,却往往不能十分正确地揭示它和完全准确地表述它,所以在揭示和表述时,常常带有一定程度的主观性。随着人们认识事物的丰富和深刻,这主观性当会日益减少,科学的规律便可能被更加明晰、更加恰切地普及开来,从而指导实践活动便捷而灵动地进行。

播音表达是"深刻理解—具体感受—形之于声—及于受众"的过程。只要我们进入播音创作圈,就应该把共同的创作规律、表达规律,纳入创作主体的视野和创作活动的范畴。一旦失去共性,偏离了规律,创作主体就会无所适从,不知何处出发,何处为归宿,何处是创作的家园了!

播音创作要解决"创作主体"与"创作依据"之间的矛盾,这是主要矛盾。创作主体是矛盾的主要方面。由于创作依据的多种多样、千变万化,为了凸显"这一个""这一次"的创作,毫无疑义,必须从创作依据(文本)的内容和形式出发,经过创作,再回归创作依据(文本)本体,从而实现传播目的。不应该简单地"从内容出发""从形式出发",甚至"从自我出发"。只有当创作主体紧紧围绕创作依据(文本)进行有声语言创作,并且把自我融入创作依据(文本)中,才可能准确、鲜明、丰富、生动地表达出文本的内涵,色彩纷呈,感人至深。

由于创作主体拥有无比神圣、无比高尚的话语权力,往往使初学者以为"我就是主宰",以为可以滥用话语权力,轻视创作依据(文本)的制约,甚至以私欲化、私语化的倾向背离文本的精神实质。为了突出自我,便从理论上去论证"从自我出发"的必要性。这是十分危险的想法和做法。我们应该认识到,规律是不可违反的,离开了规律的指引,只能造成创作的失利。初学者从起步开始,就要尊重规律、认识规律,把规律融入创作的每一个环节中去。在有意无意地违反规律并产生不良后果时,一定要尽快回归规律,吸取教训,增强能力,更加有效地遵从规律的要义,使规律成为"言为心声""心口如一"的基点与定势。这样,我们就能够走向自由表达的必然王国。

播音表达,在"严肃地宣读"和"随意地说话"之间,存在着广阔的表达时空,不会因某种人为的划定而削弱其功能。但是,它却恒定了自身的特点:不同于角色化表演,不同于日常化交谈,不同于刻板地念书,不同于胡乱地侃聊,不同于铜臭气吆喝,不同于脂粉气卖弄。它的品位只是"高雅""平实""通俗",既拒绝深奥晦涩,又摒弃低级趣味。

表达,是一个广泛的概念,它包容了有声语言创作的所有基本问题。这是本书的立足点,也是实践的起跑线。仅仅把它看作"语言技巧",是一种狭隘的经验论,也是一种片面的语言论。

播音表达规律,从广播电视传播角度概括,大约有六条,下面分别给以粗略的说明。

第一节 思维反应律

播音过程,是有声语言创作过程。不论有稿还是无稿,不论有无文字材料作为依据,不论是否都存储于内部语言之中,创作主体总是在积极地思考中、认真地辨析中。因此,创作主体就必然进入思维过程,就必然无可逃脱地进入"去粗取精、去伪存真、由表及里"的筛选、择取的过程中。

思维,作为人类认识世界的心理过程,具有高级神经活动的特点。这特点的主要标志是不断形成"思想",经常有语言的伴随:以语言为手段,以语言为媒介,以语言为载体,以语言为归宿。归根结底,思维不过是人脑对客观世界的积极反映过程,是对社会实践的主动梳理路径,是对历史传承的实证追寻轨迹,是对自身积淀的多向思辨认定。思维永远是活跃的、跳动的、行进的、拓展的,而不会是先验的、自发的、静态的、衰减的。这一点,对新闻工作者,对播音员、主持人来说,显得尤为重要。

思维,包括形象思维的"具象"生成,包括逻辑思维的"理性"推衍,包括情感思维的"控纵"外射,甚至灵感思维的"奇特"突显,都同思维方式紧密相连。顺向思维的习惯,逆向思维的应用,发散思维的亮点,聚敛思维的焦点等,无不制约着思维活动的态势。我们经常遇到的形象思维过程,时时有具象隐现,往往会有零星词语对应闪烁,却并没有词语的共时并存,但在形成"思想"时,语言便应运而生。如果教条地把鲜活的具象硬贴上词语标签,甚至以为必须呈现相应词语,就会扼杀创作思维的活力。当然,思维永远不可能完全拒绝语言的参与,永远不可能与语言分道扬镳、"自行其是",这是初学者、研究者都应该明确的。否则,思维活动便被孤立起来、固化起来,就令人"丈二和尚,摸不着头脑"了。

正因为如此,当我们的思维处于积极活动的进程中时,"思维方式""词语序列""表达方法"三者便扭结在一起,极其迅捷地相互激励、相互筛选、相互支撑、相互推进,并极其迅捷地交汇组合,形成思想,形成语句,由内而外,形成有声语言表达态势。如果把三者割裂开来,就无法显示它们的内在联系,就无法解析它们的行进状态。至于更为细致的复杂关联,还有具体坐标的阐释,应该在更深的层面加以研究,本书不便赘述。

一句话的说出,一篇稿件的播出,完全是一种有意识、有目的的社会实践,根本不应是"无病呻吟"或"自我表现"的产物。因此,我们使用有声语言,就要特别注意播音过程中思维反应的问题。

播送文本(包括现场直播、主持节目)时,正是创作主体的思维十分活跃的时刻,正是对客观现实的反应十分敏锐的时刻。不论是"文稿"还是"腹稿",不论是直播还是录音,不论是在现场还是在播音室,不论播出时间是不是紧急,都必须引动和保持敏锐的反应、活跃的思维,这是准确及时、高质量高效率地播出不可违反的规律。

但是,思维反应律更深一层的意思,不仅在于反应的敏锐和思维的活跃,更要表现在思维反应遵循一定规律、实现预想目的的特点上。这才与日常生活谈话中的随心所欲、杂乱无章相区别。

如果我们在现场直播中、某个节目的主持中,并没有文字稿件作依据,只有一种预想、一个提纲,大部分是或全部都是稍经斟酌便立即说出的话,从限制上看,不像有文字稿件那样严格,比较自由,但从要求上看,却也很不容易。在思维活跃、反应敏锐的程度上,应具有相当的水平,那"眼观六路、耳听八方"的本领,那"见微知著、口若悬河"的能力,要表现在播音全过程中。言差语错、言迟语塞的现象也许能基本上避免,但信口开河、言不及义的现象却往往反映出素质和修养的欠缺,也许显得语言流畅、辞藻丰富,可是,重点不突出、分寸不恰当、该说的没有说、该深说的一带而过,恐怕是一种思维混乱、反应迟钝的表现吧?在学习"即兴表达"的过程中,我们还要在"新闻性"上下功夫,文艺性、体育性的现场直播,也要从新闻工作者、记者的角度出发,而不要去追求导演、裁判的身份。

如果我们在各类节目的播音中,是以文字稿件为依据的,我们仍然要遵从思维反应律。当我们拿到文字稿件以后,心理往往感到踏实,好像不如没有稿件的播出那样紧张。有了稿件是不是就意味着"胸有成竹"了呢?要是把播音作为创作,就不能这样说了。有了文字稿件作依据,更应该注意思维的活跃、反应的敏锐。

首先,文字稿件是文字符号组合而成的,而文字具有字形、字音、字义三大部分。不辨认字形,无从了解字音、字义,文字作为符号的作用立即消失。光知道字形,不知道念什么音,不知道它的声、韵、调,就无法将它转化为声音,文字只起了一个视觉器官刺激物的作用,这种刺激便无法延续和深化。更重要的是字义。文字代表的符号反映着、代表着客观事物,字形、字音不过是外壳。不了解字义,不理解此时此处字的思想意义、感情色彩,不理解这个字同上下文的关系,不理解这个字的特殊位置、特殊作用,怎么能在转化为声音时赋予它一定的思想感情的内涵呢?

文字稿件对播音员来说,就是一连串的字形、字音、字义的错综复杂的刺激,这要求创作主体作出一系列的、迅速而顺畅的反应。因此又比单个字的反应艰巨、高深得多。

在这里,我们极简单、粗略地解释一下思维反应律所要求的过程。例:

一点风也没有。

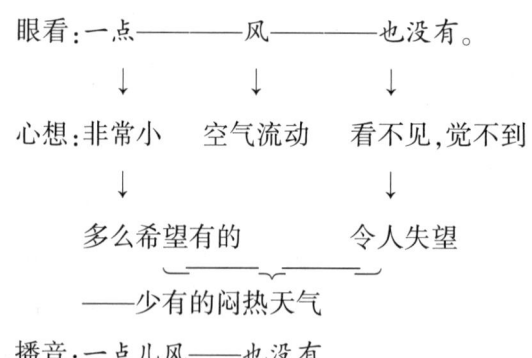

播音:一点儿风——也没有。

从这个例子可以看出:

(1)看字要快,连成词或词组。

(2)想含义要由浅入深,由分至合。

(3)想到再说,一句话便清晰流畅了。

(4)看到再想,边想边产生形之于声的要求,然后播出。看在前,播在后,看得快,播得慢。如果后边还有文字,有时竟是:播本句尚未全部结束,眼睛又在扫视下句了。

这样又把本句与下句联系起来了。

(5)看到"一点风",就会预感到"也"字的出现,而不会出现"又""再""很"等字眼儿。

思维反应律,符合人们在高级神经活动支配下看书的一般心理过程,播音员看稿时明显地包含着看是为了出声表达的需要。

但是,上面例子中"心想"一说,并不完全,也不深刻,心想还有更复杂的情况,如主次关系、色彩、分寸、技巧运用等。

从思维反应律上,我们就可以初步感觉到播音创作必须遵循宣传规律展开思想感情的运动等这最基本的原则了。

第二节 词语感受律

有声语言,是否伴随着活跃的思维、敏锐的反应,在很大程度上取决于播出来的词语是不是蕴含着、流露着具体、深刻的感受。

一般说来,人们在学习和运用语言过程中,不但认识了词语的字形、词语的声音以及词语的意义,而且在不断地融入自己的感受。尽管每个人感受多少、深浅不同,但只要是"有感而发""言为心声",那就不会是苍白干瘪的。

播音,不只是把"文稿"或"腹稿"变为一定的声音形态,它必须对形成一句、一段、一篇的话进行咀嚼、体味,掌握语言所代表的客观现实中的人、事、物、理,于是便把语言符号变成了活生生的、有血有肉的有声语言。这其中,要求创作主体具有赋予词语以感受的能力。

事实上,一个人对主客观世界及其变化总是会产生各种感受的。我们这里特别强调对词语的感受,是因为我们重视创作主体的新闻敏感和语言功力的缘故。

现场的气氛、人物的处境、事件的发展、推理的过程,当然有整体感受的问题,即使整体感受很少变化,也要通过具体感受给以体现,而任何具体感受,都应渗透到词语序列中去,让词语序列,特别是重点词语,充满感受。

例如,"大雪"这个词,我们看到它,可以想到北国风光,产生"壮丽"的感受;也可能想到长征路上,产生"寒冷"的感受……总之,不应只是明白这两个字就完了。

同样,"一点风也没有",可以产生"闷热"的感受,也可以产生"晴和"的感受……

揭示文本精神实质的词语,是我们播音中需要重点感受的对象。它们造成的感受是既具体又鲜明的。这就是说,并不要求我们对文本的每一词语都必须产生同样具体、同样鲜明的感受,这是主次关系造成的必然,不是随心所欲的产物。例:

> 它们享受不了生活的战斗的欢乐。

　　这句话的重点是"享受不了",所造成的感受是"鄙薄",而不是"生活的战斗的欢乐"所具有的"欣喜"。"欣喜"的感受已被"鄙薄"的感受所笼罩,所削弱。二者的不同感受如果在分量上相同或相近,就会语意不清,目的散失,揭示文本精神实质的力量也就模糊了。

　　这种情况在播音中屡见不鲜。不过,这不应引向这样的结论:只在重点词语时感受。因为还有另外的情况:几乎每个词语都要有相应的感受,才能表达好。这也不是个别的、偶然的现象。

　　词语感受的范围不同,并不是我们的着眼点。我们认为,词语感受律的关键是有感受,感受要深。反过来说,感受不深,甚至没有感受,不遵从词语感受律,播音便不会有高质量。而当前播音中,对这条规律是不够重视的,往往表现为形之于声后的平淡、飘浮。

　　我们称之为词语感受律,是显示着播音的某些基本特征的,我们不直接感受客观事物,而是直接感受代表客观事物的词语符号,间接地感受客观事物。在语言符号之外,连最简单、最粗陋的"道具"也没有。视觉接受的文字反应,要产生相应的感受,根本不能忽视词语这第二信号系统的重大作用。"腹稿"的语言刺激,也必须首先在内心引起反应。

　　不同的创作主体对词语的感受力是不同的,无论是量的积累,还是质的浓缩,都需要花气力加强修养,尽力克服"先天不足,后天有亏"的欠缺。

　　感受力不同的表现,取决于感受阈限的大小。创作主体对词语感受越敏锐、越丰满,就越有利于播音创作。

第三节　对比推进律

　　在驾驭文本,落实到有声语言的过程中,对比推进律是很重要的,可以说是语言流动的催动力,声音形式的变化力。

对比，是指不同感受、不同态度、不同情感的对比，不同色彩和分量的对比，及其在声音高低、强弱、快慢、松紧的对比上的反映。推进，是指在一定目的的引导下，有声语言向前行进的跃动。只有对比才能向前推进，显示流动的态势；也只有推进，对比才有生命的活力，显示出方向性和目的性。

对比推进律集中体现了以文本为依据的诸意念的综合。理解了的东西，感受到的东西，设计出的东西，把握住的东西，逻辑的、形象的、整体的、具体的、体验的、体现的、内容的、形式的、心理的、生理的、声音的、气息的……都综合在对比推进过程中。

这里特别需要指出的是，对比推进律不能仅被解释为单纯声音形式的变换。只停留在声音形式的变换上，虽然有了语言测试上的不同显示，却不会有积极的、自觉的对比感和鲜明的、生动的推进感，在听觉上便不能不给人造成苍白、肤浅的印象。

当然，忽略声音形式的变化也是不正确的。

试比较：

①我要买一本书。
②书，我要买一本。

这两句话，如果都表示买书的愿望，其他表达条件相同，只是重点不一样，那么对比推进律的声音形式就有了区别。例①从"我"开始逐步推进，以"书"为重点，即推进的目的地。但"我要"比"买"轻而快，"一本"承"买"字继续推进，但比"书"轻而快，比"我要"轻而快。例②"买"较重较长，"一本"又轻而快。"买"是推进的目的地，成为全句重点。比较两句中的"一本"，例①中"一本"正处于推进目的地之前，所以高些、重些；例②中，"一本"处于推进目的地之后，所以低些、轻些。

这些告诉我们，推进一定有目的地。目的地的状况，制约着它前边、后边的词语。其前，向它推进；其后，由它率领。向它推进时，要不中断、不旁落；由它率领时，要不突兀、不草率。

这还告诉我们，推进中对比感不可局限于内容上的对位词语相比较、相区别，还有声音上的对比：轻重、高低、快慢之分。"一本书"和"买一本"，这"一本"就处于同"书"和"买"对比的位置。

一个语句如此，一个小层次也如此，一个段落、整个文本也如此。对比推进律就这样造成了起伏跌宕的语流。

对比推进律在播音表达上要求的幅度不能像舞台上那样夸张，但有两点要特别注意：

一是必须注意主次关系和分寸火候。如果对比感、推进感缺少这一点，那么，就并非对比推进律的成功运用。可以说，主次关系和分寸火候是对比推进律的精髓所在。

二是必须注意声音形式上的可感度。话筒是灵敏的，不必着意扩大幅度，很细致的变化也可以刺激听觉，达到可感的程度。但是，过于窄小的幅度会妨碍形成语流的行进态势，甚至出现死板的、平淡的播音表达。因此，要适当打开幅度，使对比推进律得到相当充分的显露。这就要求创作主体在自如声区里丰富声音的变化，开拓表达的天地。要避免声音似托在空中，或被压在地下，或被夹在窄框里这些现象的发生。

对比推进律是思想感情运动状态和声音形式曲折变化的自如而有弹性的概括。在播音中，既要反对谨小慎微，不敢越雷池一步，又要反对狂放不羁，无所不用其极。

第四节　情声和谐律

我们一贯主张，在处理情、声、气的关系时，宁可情足声欠，也不要声足情欠。在播音中，情感的色彩和分量是非常讲究的，不能稍有疏忽。但是，饱满、丰富的感情对声音的要求也是很严格的。一般来说，播音中要求感情要给足，声音要节制，这就是情声和谐律的含义。

由衷的感情，应该是充足的，不应是干瘪的。这一点是十分明确的。那么，为什么要节制声音呢？

有人认为，在话筒前应该保持强音、亮音，尽量发挥出自己声音的响亮之处。从声音上来说，这是不正确的。

如果承认声音是为表情达意服务的，那么同时就应承认，声音的色彩不只是响亮而已，还有低音、弱音、暗音、柔音等。如果什么样的感情色彩和分量都追求响亮，能够准确地表达文本么？显然是不行的。何况声、韵、调相搭配的结果，使有些音节比另一些音节响亮，难道那些响亮的音节永远处于主要地位、永远表达某种感情么？显然不是。追求响亮声音的播音，除了给人"声音漂亮"的感觉之外，恐怕让人对文本内容不会有印象。

节制声音，主要是两方面的含义。一是，不要一味追求响亮、宽音大嗓，不要高低悬殊，不要一种声音从头响到尾；二是，声音的对比、起伏变化，不要超过感情对声音的要求，不要听来容纳了十分感情的样子，实际上却只有六分感情。从这两方面看，节制声音主要为了使表达充实、贴切。

节制声音,是话筒前的需要。话筒,是现代化的传播、扩大声音的工具,不是站在房上大声喊"老乡们!"用的土喇叭。同时,引发出的十分感情,用只容纳六分感情的声音去表达,就显得感情足,似乎溢于言表,没有空白。

节制声音,并不是一味压低声音、虚声虚气。这一类声音容纳不了丰富的、扎实的思想感情。

情声和谐律,是需要高超的表达技巧的,运用好了,可以起到"以一当十"、余味无穷的作用。这里,有几点要注意:

(1)引向情感:任何文本,都要引向情感,引向思想感情的运动状态,真正"有动于衷"。

(2)改变状态:不要仅注意从外表控制声音的高低、强弱,一定要先注意发出那种声音的状态是不是产生了,特别是气息状态。

(3)以熟为生:准备和设计得很成熟的文本,播时也要重新获得感情和声音的再协调,好像"头一次"去认识、去感受、去形之于声,一定要避免先入为主的框框和轻车熟路的顺口流出。由于有了充分的基础,那"头一次"的生疏感中就饱含着众多的积累了,不必担心生疏感会带来浅薄和单调。

(4)留有余地:感情上足了才有转换的余地,才有利于不同色彩和分量的鲜明化。而声音上的节制也就能打破表达上的局限,起伏变化更为自如,使这种听觉艺术的长处更能发挥出来。

情声和谐律是使播音在自己的个性表达上达到声情并茂的重要方面,它有难度。只要我们用心体味,随着播音实践的逐步深入,是能够对它心领神会、运用自如的。

第五节 呼吸自如律

气息是发声的动力,有声语言离不开气息的支持。气息并不神秘,就在吸气和呼气中。呼吸原理,是最基础的知识,而语言表达,要求我们在表意传情过程中,气息处于最佳状态。最佳的气息状态,是呼吸自如、不散不僵、有多有少、有快有慢的状态,概称之为呼吸自如。凡是高质量的播音,或者要想达到播音的最好水平,一定是遵循着呼吸自如这一条规律的。

呼吸自如,首先是气息多少的变化。从总体上说,吸气量不能超过肺中的余气。在具体语句、段落上,一般极少冲破这极限,而只在这极限之中变化。

呼吸自如，还必须注意气息快慢的变化。播音，主要是快吸慢呼，吸气用的时间极少，而呼气，因为要说话，所以用的时间相当多。但是，这绝对不是说，凡吸气都极快，凡呼气都极慢，这快慢是相对的，具体运用时是多种多样的。

呼吸自如，主要为了正确地发声。播音主要是实声。实声也好，虚声也好，半虚半实的声音也好，都必须以呼吸自如为前提才能发好。声音条件再好，呼吸不够自如的时候，发出来的声音也不会好，而由于呼吸自如，有一些声音条件不太好的，却可以得到一定程度的弥补。值得注意的是，发声过程中，有两种现象：一种现象是"只闻声，不闻气"，这时声音响亮、坚实；一种现象是"既闻声，又闻气"，这时的声音深沉、柔和。在播音中，只有一种，往往显得单调；两种兼用，又恰到好处，因情而异，因话而异，往往显得丰富。呼吸自如，对出声、变声、收声都会产生积极的作用。

呼吸自如，更重要的是思想感情运动状态的需要，是有感而发、因情用气的标志。说到底，呼吸是人体的一种机能，它的自然属性是满足人体内气体交换的生理需要。因此，当我们用它来满足人们语言交往的心理需要时，完全不能违背生理需要，不能用理智对它进行全面控制，强制支配。在话筒前，"气息不够用"的感觉，有时竟是强制支配气息的结果；"感情起不来"，有时恰是全面控制气息的束缚。而当全神贯注、心驰神往的时候，往往并不发生呼吸上的问题，就是证明。思想感情的运动，发生于人的内心，影响着生理上的有关系统，特别刺激着血液循环系统和呼吸系统，从而造成有声语言中的许多变化。这就是为什么必须因情用气的原因。

呼吸自如不是松懈的气息状态，它要求适度的控制。呼吸自如也不是僵直的气息状态，它要求控制的适度。松懈和僵直都难有多少、快慢的变化，不能叫作自如。现在，说气息要有控制，都会同意，但怎样控制，却不易掌握。应该说，控制是一种经过训练后养成的习惯，而这个习惯是十分适应播音表达的需要的。不能理解为坐在话筒前全身较劲、两肋扩到最大、丹田收到最紧才叫控制；也不能理解为只要说话时气息供得上，全身感到极为省力，什么两肋、丹田根本用不上就叫自如。其实，两肋和丹田是在随机应变中起作用的，一般在高音、强音、长句尾（包括停顿少、连接快的句子）才会有较明显的感觉。有人认为，"用吸气状态呼气"就是气息送出的越少越好，气息保持得越久越好，这是片面的。这种状态可以帮助我们节约气息，不浪费气息，但绝不是说，不顾思想感情运动状态、不顾表意传情的需要，专以"省气"为目的，而是要把气息用到刀刃上，该少用的不多用，该多用的也不少用。否则，就必定会出现气息僵化、状态不能变化的现象。一旦出现这种现象，胸腹联合式呼吸便被隔断，丹田失去作用，与胸式呼吸无异了。

呼吸自如，是一种气息通畅、变化灵活的状态。如：

播句头(包括篇首、段首):在全面理解、整体感受的基础上,明白要说什么,所以开口前吸气,根据语句内容和感情色彩、分量,自然吸入一定量的气,吸气时就不知不觉地受到感受、态度、感情的影响,或深些或浅些,或快些或慢些。发声送气,也会有不同情况,但不会因为刚刚吸好气,而使句头气最足、声最重。

播重音(包括重点小层次、重点语句):一般重音多在句中。在重音之前,气流较为平稳,送气不太多,但有一种催动气流向前进的感觉,好像在聚积着力量。播重音时,气流发生变化,或急或缓,或喷弹而出或暂时屏气再出,不过,都不能贸然用力往外顶气。这时,对感情色彩和分量的把握,同重音表达方法的驾驭是统摄气流变化的根本。

播句尾(包括篇末、段末):要有顺流而下的感觉,但不是草草结束。如果需要斩钉截铁地结束,送气便稍快,声音没有了,气息也恰恰用完(当然,肺内还有余气)。如果需要余味无穷地结束,送气便逐渐放慢,声音没有了,气息还要继续送出一会儿才再吸气。还有其他情况,总是因感情的需要而有所不同。

有必要谈一下停顿中的呼吸。目前,我们的播音中常常是这样:播完马上吸气,吸完马上接着播,结果造成一板一眼的感觉。这种播法,只是利用停顿喘气,把停顿的作用限制在满足生理需要上,所以对表意传情十分不利。在停顿的范围里,有不吸气、偷吸气等情况,但更多的时候是有从容吸气的时间的,问题往往出在这里。思想感情的运动状态在停顿时并不中止、不中断,而是在延续的。不同的思想感情,当然会有不同的语流形式,这在语气上、停顿前后的衔接上都表现出来了。从呼吸的角度说,却远不是那种呼完就吸、吸好就播的单一情形。有的,是声停即吸,吸好就播;也有的,声停继续送气,然后吸一口气接着播;还有的,是吸一口气再呼出,再吸以后开始继续播;更有的,几度呼吸之后再播。这中间,有时吸气量少,有时吸气量多,有时从容吸气,有时迅速吸气,很是不同。由此,表达不同的思想感情的延续,并显示停顿时间的参差不齐、错落有致。但无论怎样变化,除了有时表达感情的需要外,一般说来,播音时应该做到"吸气无声",这是一种不易掌握却极重要的功力。如此,才能发挥出停顿的多种作用,才是真正符合心理需要和播音表达需要的呼吸自如。

第六节　自我调检律

人类的发声器官和听觉器官是孪生兄弟。这正是"口耳之学"说法的由来。播音,是对声音的运用,也离不开发声过程中听觉的作用。当播音室吸音较强时,我们往往不自觉地加强音强,就是一个证明。

在播音时,边播边欣赏自己刚刚播过的语句,当然是错误的,这无疑会干扰注意,涣散精神,甚至出现有音无义的后果。但是,不能因此就堵起耳朵,否认听觉的积极配合。

那么,听觉是怎样与有声语言一起并行不悖的呢?听觉是时刻在检验着有声语言的,这种检验,有时我们能意识到,有时又会进入下意识,却不是时生时灭。听觉的检验作用表现在多方面,如:走调了,秃噜字了,"味儿"不对了等。捂耳朵去给声音增色,对听觉的检验作用是不太有利的,不容易发现用气发声的弊病。

当然,听觉并不是独立作战,它总是同高级神经活动、诸种感觉协同动作的。如出了沙哑的声音,不光是听觉,嗓子的有关神经、感觉也会同时敲起警钟。

除了听觉,其他感觉也有时走到排头,提醒创作主体注意。当感到气息不力时,也许呼吸肌肉群部位的神经,也许双肩、锁骨部位的神经站出来,告诉你它们那里反常的状态。

凡此种种,都说明过程不是一帆风顺的,明山暗礁可能随时出现。因此,创作主体在表达时需要掌握自我调检律。

自我调检律是创作主体在话筒前自我检验、自我调节,调节后再检验的反复推延的规律。它几乎贯穿播音活动的始终。

自我调检律包括生理、心理的一切自我感觉。它使我们力求播音创作的完美。如:播音时我们忽然意识到失去了对象感,马上予以加强;播音时我们忽然意识到节奏过于平直,马上进行调动……因此,自我调检律绝不是一种消极、被动的"应付",而是一种积极、主动的创造。

自我调检律在实践中主要表现为对有声语言的酝酿,行进过程中的体验、发现、检验和调节。有声语言的定向流动是核心,自我调检律不应在停滞和分析中实现,否则,便会截断语流,造成空白,把播音引向零乱、苍白。它与播音中游离于文本之外的杂念、走思,完全是两回事。因为,自我调检律的实质是进入文本、表达文本,很有些像飞机运行中的故障苗头的检修,而杂念、走思,却是事故的本身。

可以肯定地说,在话筒前创造思维越活跃,创造力越旺盛,自我调检力也就越强。灵感的闪光,表达方法的突破,也有它的一份功劳。

但是,话筒前自我调检律的实现,不是先天就具备的能力,而是长期实践经验积累的质变,盲目状态的"难以名状"是必由之途。在理论的指导下,我们不过想尽力缩短盲目期,早些进入自觉期,以便迅速地提高播音质量。

上面提出了播音表达的六条规律,并做了简要说明。很难说这些就已经完整无缺了。但是,从我们这个新兴学科、交叉学科来看,归纳了这样的规律,实在来之不易。我们应该珍惜,并加以充分应用。有些学科,提出了若干年了,至今还没有提供该学科的基本规律,或者本就不能构成一个学科,或者还有待于实践的充足例证。我们所说的"规律",也许后人会提出否定的意见,那也不足为奇。任何学科的发展,都需要不断创新。这些规律,更有必要在今后的大量实践中检验、完善。这也是学科前进的必然,恰恰证明这个学科旺盛的生命力!"路漫漫其修远兮,吾将上下而求索",让我们共勉吧!

➔ 知识梳理

思维反应律是指播送文本时,创作主体必须引动和保持敏锐的反应、活跃的思维,思维反应沿着一定轨道、实现预想目的。

词语感受律是指任何具体感受,都应渗透到词语序列中去,让词语序列,特别是重点词语,充满感受。创作主体对词语感受越敏锐、越丰满,就越有利于播音创作。

对比推进律,对比是指不同感受、不同态度、不同情感的对比,不同色彩和分量的对比,及其在声音高低、强弱、快慢、松紧的对比上的反映。推进是指在一定目的的引导下,有声语言向前行进的跃动。对比推进律是思想感情运动状态和声音形式曲折变化的自如而有弹性的概括。

情声和谐律是指播音中,感情要给足,声音要节制。要注意:引向情感,改变状态,以熟为生,留有余地。

呼吸自如律是指呼吸自如、不散不僵、有多有少、有快有慢。呼吸自如,主要为了正确地发声,是思想感情运动状态的需要,是有感而发、因情用气的标志,是一种气息通畅、变化灵活的状态。

自我调检律是创作主体在话筒前自我检验、自我调节,调节后再检验的反复推延的规律。它包括生理、心理的一切自我感觉。它使我们力求播音创作的完美。

思考题:

分别阐述播音表达的六个规律。

第十一章

话语样式

第一节　话语样式
第二节　话语体式
第三节　样态转换

话语样式有四种类型：宣读式、朗诵式、讲解式和谈话式。

话语体式有四种形态：高雅庄重、平实正规、通俗灵动、消闲自在。

话语样式的四大类型，结合话语体式的四种形态，就衍生为16个基本的话语样态。

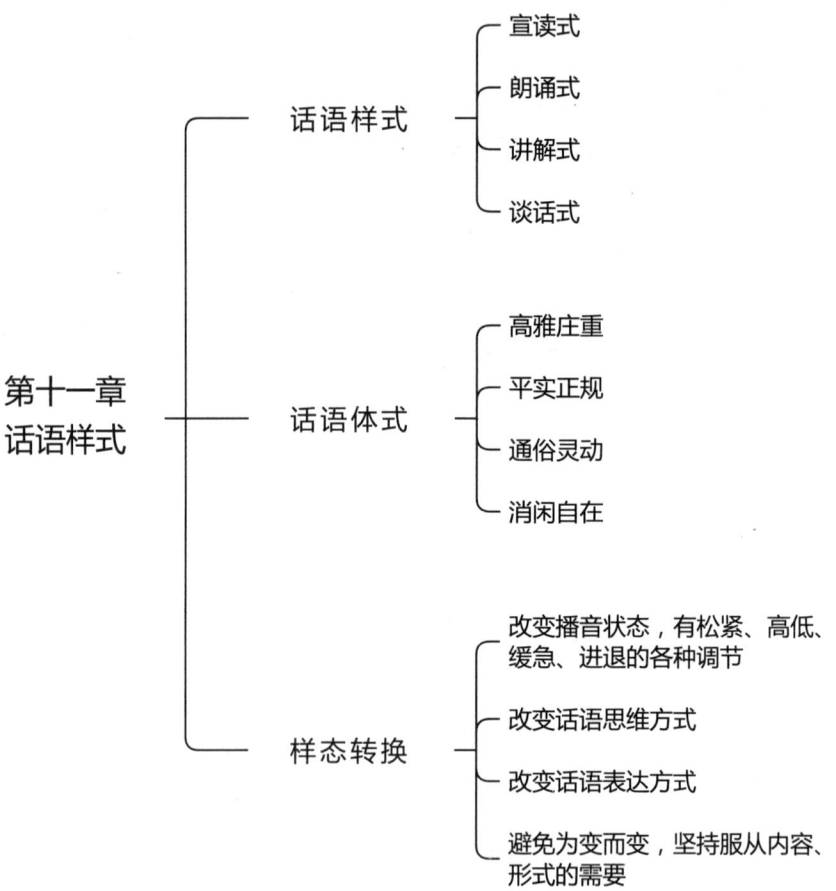

第十一章 话语样式

人类的话语,都是用来表情达意、言志传神的。各种语言,不同场合,总有最准确、最恰当的表达形态,其中,那话语样式便成为研究语言表达艺术的重要角度。从写作的角度,可以研究"文体",即文章的体裁,如叙述、议论、抒情、描写等,或者新闻、评论、通讯、诗歌、杂文、相声等。有声语言中,要讲究"语体",即话语的体裁,如谈话(独白和对白)、朗诵、讲解、宣读等。由于现在对"体裁"的乱用,甚至将"语体"混同于"文体",我们把这些归结为"话语样式",以区别于"文体"或"语体"的模糊使用,便于我们更明确地界定:确实属于话语范畴,真能表述话语形态。

社会语言学还讲究"语境",结合语境,我们又提出了"话语体式"的概念。不同语境下,话语随之改变表达方式,形成类型化的格式,并在保持基本样式的前提下,变换为多种衍生形态。

这样,在丰富多彩的话语样式、话语体式的内外结合、交叉错落中,完成我们的有声语言创作。创作主体的分析辨别、恰当把握,是至关重要的主体行为。应该说,这是语气、语势的深化和拓展,虽然还在基础理论的框架之中,却也可以升华为审美风格的类型差异。亦即语气、语势的变化,必须在更大的范围里考量整体形态的类型,必须在更高的层次上应对创作形式的风貌。因为,语气、语势只能坚持"这一句"的具体性,而样式、体式则同时观照"这一篇"的整体性。语气、语势与样式、体式,在语句、语篇上,都不会产生碰撞、摩擦,只是挟带个别制约进入了整体统领,从本质揭示到达了人文彰显。考察语句,仍然符合"这一句"的实际要求,考察语篇,仍然符合"这一篇"的整体形态,语气、语势与样式、体式相辅相成,相得益彰。有的语言学论述,忽视了语句的"这一句"的独特性,专注于语篇的"这一篇"的整体性,甚至要求语篇中的每一句都必须符合整体形态;或者为了确立某种"语体"风格,竟采取刀切斧断的办法,寻求让"每一句"都为这整体形态贡献出相应的词语。我们主张以大容小、以小托大,二者互融互补,因此,还是避免那些做法为好。

第一节 话语样式

话语样式,是指话语的基本态势和主要形式。

人类的话语，总是在一定的语篇中存活。一篇稿件、一个话题，就是一个语篇。经过广播电视语言传播多年的实践，诸多播音艺术家的有声语言创作历程，结合历代语言艺术风格的梳理，我们把话语样式归结为四种类型：宣读式、朗诵式、讲解式和谈话式。

20世纪60年代初期，中央人民广播电台的齐越、夏青、林田、费寄平，以其成熟的艺术风格和深厚的语言功力，架构了这四种表达样式，并成为四种表达样式的代表人物。他们是广播电视中有声语言创作的四座艺术高峰，开创了一代新风，为播音语言样式的丰富和发展建立了不朽的功勋。

为什么只有这四种类型？有没有更多的样式？

其依据，就是广播电视语言传播中，大体就是这四大样式。经过数年的观察，1980年前，基本上是"有稿播音"，这四种样式以宣读式、朗诵式为主，虽然也有讲解式和谈话式，但都看作辅助样式，不占主流位置。1980年后，特别是主持人节目出现以后，谈话式迅速蔓延，各类节目形态多采用这一样式播音，而讲解式播音，大都应用于专题解说和纪录片、文艺片的解说上。当有的新闻节目也采用谈话式的时候，似乎普遍认为谈话式才是传播中的最佳样式，于是"说新闻"一时走红，变成报告新闻的"宠儿"，被广泛采用，甚至把宣读式、朗诵式当作"传统播音"加以蔑视。可以看出，除了这四种样式，几乎再也找不到另外的话语样式了。但是，这四种样式究竟有什么区别？如何把握它们的规定性，以及如何在此基础上发展创新？都需要给以阐释和解答。到今天，我们的认识也只能总括起来简单说明。

宣读式

宣读式由"朗读"而来，戏曲中叫作"照本宣科"，是指照着虚拟的"书信""状纸"，角色流利地念白表演，本没有贬义。"千斤念白四两唱"，反是一种难度较大的基本功。在广播电视中，依据文字稿件进行"转述"时，一字不差地当众读出来，如公告通告讣告、法律法令法规、重要事件经过、重要人物名单、重要会议决议等。宣读式的话语样式，是一种不可或缺的语言传播形态，世界各个强势媒体都把它看作"看家本领"。其基本模式是：逻辑鲜明、声音爽朗、顿挫巧妙、语势稳健。以夏青的播音风格为代表。如：

"己所不欲，勿施于人"，这句话被国外伦理学家称为道德金律。儒家向来强调修身，认为"自天子以致庶人，壹是皆以修身为本"梁漱溟先生重视修身的精神，称之为"向里用功"，这便是中华文明精神软件的核心部件了。儒家思想为中华民族提供了精神家园,也构建了中国人的道德底线,这正是中国人在长期的历史动荡中仍能保持基本的做人操守的主要原因。可是,那些不慎将自己的精神家园弄丢了的人将会怎样呢?

朗诵式

为了达到"诗言志"的效果,把富有韵律美的诗词歌赋比较夸张地吟咏出来,形成了诵读、吟诵的形态。在此基础上延展,任何辞章都可以强化声韵色彩,给人以感情澎湃、余音绕梁的印象。在广播电视传播中,现场转播、大型晚会、重要演讲、人物通讯、报告文学、时政文论等,特别适合朗诵式播音。其基本模式是:气势磅礴、跌宕起伏、抑扬奔放、纵横驰骋。以齐越的播音风格为代表。如:

灯光喧哗着,从海上、桥上,从错落有致、装饰华丽、有如层峦叠嶂的巍巍高楼汹涌而来!夜幕降临的时候,无论你从哪个方向望去,澳门都宛若浮在海上的一座镶满珠玉的童话迷城。

几年不到澳门,澳门着实变了模样。

讲解式

从古代讲学开始,为了十分透彻的讲明道理、分析事物,一般都要耐心细致地加以解释,掰开揉碎,条分缕析,百问不烦。这就形成了讲解式的形态,延续至今。在广播电视中,为了受众能够听得明白,理解清楚,恰恰符合这个样式的内在诉求。因此,这个样式不宜"千里江陵一日还",而要"点点滴滴入心头"。其基本模式是:丝丝入扣、娓娓道来、细细咀嚼、深深品味。以林田的播音风格为代表。如:

瑟,在马王堆汉墓,第一次看到这种掩藏于古诗中的乐器。它总是与琴放在一起,琴瑟和鸣,似是男和女,爱和情。瑟字本身,似就是一个形象,是女子的形象,还是乐器的形象呢?相比于琴和筝,瑟确实是显得小巧和精细。由它发出的声音,也许就不那么雄浑高亢,而更显出清越和悠扬。瑟瑟并在一起,就是形容声音的细微。秋风瑟瑟,轻微的声音里,还有了某种特征。现在,有竖琴、古筝、古琴、编钟甚至箜篌的独奏,但没有听到过这种叫瑟的乐器的表演。有人把它用月琴替代了。

谈话式

在文字出现以前，人们都是以说话为主要方式交际交流，一直延续到今天。文字出现之后，人们在生活中，也依然使用"口头语言"，而且成为人际交流的常态。但是，在"语""文"分流时期，口头语言不被重视，文书往来、官场交际，还要"之乎者也"地使用"书面语言"。"五四"以来，白话文兴起，"语""文"逐渐合流，不管写作还是说话，就大都使用白话了。自从"有稿"和"无稿"都在广播电视中成为节目形态的常规时，大量口头语言便兴盛起来，甚至超过了书面语言的使用频率。但是，仍然离不开"谈话式"的语言样式。其基本模式是：自然流畅、松弛跳脱、潇洒飘逸、灵活近切。以费寄平的播音风格为代表。如：

在一座大城市的贫民区，有一家廉价酒馆，酒馆的二楼，住着威廉医生——一位一生致力于帮助底层贫民的好医生。在酒馆的门前，是一块简简单单的告示牌：威廉医生在楼上。

后来，威廉医生去世了，他没有亲戚，也没有为他自己的葬礼留下一点钱财，因为他从来没有向他的患者多要过一分钱。

他的朋友们和患者们一起想方设法凑了一笔钱，埋葬了这位医德高尚的好医生，但实在没钱再买一块墓碑了——这意味着威廉医生的墓穴将没有任何标志。

威廉医生的朋友们和患者们当然不甘心这样对待他们心中的好人，在集思广益之后，他们终于想出了一个好办法。

他们把酒馆门前的告示牌取下来，固定在了威廉医生墓前的一根柱子上。

这块告示牌一下子变成了一个绝妙的墓志铭：威廉医生在天堂。

世事就这么奇妙，一块简简单单的告示牌，也在隐隐昭示：好人自有好报，好人自有好去处。您说，是不是这样？

事实上，从创作主体的习惯和功力来考察，他们并不是恪守某一种风格样式，而是或多或少地揉进了其他风格样式，成就了自身的艺术风格。之所以把四种样式单独提出，当然是为了更清楚地说明样式的特点，使初学者有一个大体的了解，并能够初步掌握，以利于在今后的创作中发挥自身的优势，兼收并蓄，扬长补短。

其实，有很多文本，都可以用这四种样式表达，而不能认定只符合某一种样式。如

此,才会生发出多种样态,呈现多种色彩,促进样式融合,凸显表达特色。如:

> 休谟曾说:"人生祸福很少在我们的掌控之中。但是我们却绝对能掌控我们要读什么书,我们要参与什么娱乐,我们要与谁为伴。"(引自《休谟散文集》)这话听起来可能有些悲观,却是对美育或审美教育的一个极为朴实的正当性证明。说得极端一点,即使我们的处境并不尽如人意,即使命运往往呈现其盲目的一面,我们也丝毫没有理由自暴自弃。毕竟,读什么书,以何为乐,与谁为伴,还是由我们自己掌控,是我们自己可以选择的。故而,美育既可以说是社会的事,也可以说是学校的事,但更重要的,是自己的事。借用孔子的话来说,美育乃关乎陶养的"为己之学"。

我们可以试着用不同的话语样式,有感而发地、有动于衷地、有的放矢地表达出来。从总体上、语感上、语势上、节奏上,加以对比,找到其中的差别,哪怕只是模糊地感觉到,也是收获。

有了这四种话语样式,我们就可以脱离"文体""语体"的羁绊,真正在有声语言的表达上,开展多样性的探索了。

第二节 话语体式

我们的有声语言创作,从来没有忽视过语境的制约,从来没有孤立地阐释表达。因为,语境,是有声语言发生、应用、交流、传播的"背景",只有在此基础上,才可以发挥有声语言的功能。

所谓"背景",除了"备稿六步"中的"上情"和"下情"之外,还涉及"场合"和"关系"。我们主要是在广播电视传播的环境中,面对广大受众,依据创作文本,进行有声语言(包括副语言)的创作。具体场合不同,人物关系有别,就会有各种各样的话语表达方式,所有这些都需要我们把握和掌控。

为此,我们总括了四种体式。

高雅庄重

在十分庄严肃穆的场合,无论热烈还是沉痛,都要求话语和仪态特别讲究,逻辑严谨、正气凛然、刚劲稳重、端庄大方。如"祝我们的祖国繁荣昌盛!""他的英名和事业永垂不朽!""大梦谁先觉,平生我自知。"

平实正规

在相当切实正式的场合,无论热情洋溢还是平静安详,都要求话语和神态实实在在,规规矩矩、毫不张扬、恳切谦和、平易妥帖。如:"我们决心努力工作,争取思想业务双丰收!""让我们举杯,祝福新人百年好合!""劝君更尽一杯酒,西出阳关无故人。"

通俗灵动

在比较宽松亲切的场合,无论家人团圆还是亲友相聚,都要求话语自如,心态放松,可以相当随和、嘘寒问暖、拉拉家常、聊聊世事。如"天真蓝、水真清啊!""去看咱爸妈了吗?""月移花影动,疑是玉人来。"

消闲自在

在十分亲密的场合中,无论挚友戏谑还是家人交流,都要求话语和姿态自由自在,亲近自然、无拘无束、海阔天空、心心相印。如:"当时,我恨不得掐你一把!""什么时候教你一招,保管治好你这瘾君子!""两情若是久长时,又岂在朝朝暮暮。"

这四种体式,大约包容了一般意义上的话语应用范围。还有些怪腔嘎调,那是有些人的主观意志别出心裁,或"另辟蹊径"之举,或"探寻新意"所为,不能算作体式的正常形态。

这四种体式,相互补充,互相渗入,并不各自独立,更不彼此排斥。特别是在两两相交的边界,尤其不能截然分割,要看到它们会有交叉掺杂的情况。在某种场合,一会儿是高雅庄重,一会儿是通俗灵动;在另一种场合,一会儿是消闲自在,一会儿是平实正规等。

在广播电视中,任何高雅庄重的体式,也不能死气沉沉、紧张呆板;而任何消闲自在的体式,也不能轻浮浅薄、邋遢杂芜。这是大众传播的根本要义,不要因为追求体式的活泼,而不顾大众的审美需要,更不用说去"哗众取宠"了!

这四种体式,只是笼统而言。真正的话语体式,在生活中、传播中,都不是一成不变的,更不是任何模式所框定得了的。那千变万化、色彩缤纷的样态,根本无法描述清楚。初学者不要拿固定腔调去生搬硬套,更不要简单地从概念出发,形成习惯性定势。最根本的道理,应该使自己的话语情状完全纳入具体语境、主体感受之中,由内而外、触景生情、因人而异、恰如其分。这样,就有可能确实掌握话语样式、体式的多向、多样表达了。

第三节 样态转换

话语样式、话语体式,在有声语言创作实践中,总是融合在一起的,绝非各行其是。话语样式的四大类型,结合话语体式的四种形态,就衍生为16个基本的话语样态:

高雅庄重,可以使用宣读式、朗诵式、讲解式和谈话式。以此类推:平实正规、通俗灵动、消闲自在等也照样可以使用这四个样式。

宣读式,可以融入高雅庄重、平实正规、通俗灵动和消闲自在。以此类推:朗诵式、讲解式、谈话式等也可以融入这四种体式。

这16个基本话语样态,又能够衍生出各式各样的无数具体样态,呈现生动活泼、鲜明贴切的语流态势,展现千态万状、色彩斑斓的表达方式,达到明白晓畅、颇具美感的传播目的。

新闻播音,是广播电视媒体的龙头、骨干和重心。新闻播音的播报方式,是由新闻的真实性、时效性所决定的,当创作主体获得新鲜感、抓住新鲜点、先睹为快、一吐为快时,便可能做到真切、迅捷的表达,进入新闻播音的语言样态。宣读式、朗诵式、讲解式、谈话式都完全可以带着自身的语言范式,融合或者高雅庄重或者平实正规的体式,并适应播报的要求,实现"权威""可信"的传播效果,还有利于形成创作主体的播音特色。这说明,样式和体式的结合,不但不影响具体传播内容与具体传播形式的贴切表达,反而增添了表达的多种方式,不至于产生"播"与"说"的分歧,不至于造成新闻播音表达的刻板和单一。当然,在具体新闻播音中,如果一味追求样式和体式的"范式",而忽略新闻本身的特殊要求,那必定舍本逐末,不可能形成播报的样态。前些年,由于过分重视"说新闻",连新闻要素都不顾了,几乎近似"说书""聊天",根本远离了"谈话式"的要素,不能称其为"播报"。这种改变,无法表达内容和精神,是不能叫作"创新"的!丢掉本体,就像断线的风筝,怎样飘摇也找不到话语样式、话语体式的印记,那就会白费气力,事与愿违。

在比较普遍的"访谈"节目中,谈话式当然可以自由驰骋,但,也会经常出现宣读式、朗诵式的话语样式。在更加普遍的"独白"主持中,讲解式自然能够发挥魅力,可宣读式和朗诵式的话语样式也并不鲜见。

我们这里所说的,就是话语样式、话语体式和话语样态的杂糅状况。实际上,这在广播电视语言传播中,已经不是什么新现象了,只是没有更加深入地探讨过罢了。

"杂糅",这种语言现象,应该说是有声语言的常态,极为普遍,只不过我们在自觉与不自觉、有意或无意之间,往往不太注意。任何文学、艺术等创作,总会吸收相关的东西,融入自身,化他为我,兼收并蓄。拒绝相关的东西的汲取,是很难成就创新品格的。既然有杂糅,那不同之间肯定会在融合之外进行转换,在不同之间加以衔接、承续。因此,转换也就不能不作为一个课题进行研究了。

我们尤其重视样态的转换。在大众传播中,在日常生活中,这种转换,实在是太平常了,往往引不起人们的注意。但是,作为有声语言创作者,不能不给以特别的重视。

最典型的是宣读式和谈话式的互换。当我们进行新闻播报的时候,忽然插进一段谈话;或我们正在与记者谈话,突然要播发一条刚刚收到的消息。这时,就要改变原有的话语样态,从一种样态转换为另一种样态。怎么办?

首先,要改变播音状态,有松紧、高低、缓急、进退的各种调节。用某种固定的状态,就会显得僵硬、不自然。如:

现在大会已经闭幕了,先请您谈谈对这次大会总的印象。……您概括的这几点,非常精辟。好,现在播送一条刚刚收到的消息……

其次,要改变话语思维方式。原来正按照文字稿件播报,在突然停止之后,要马上脱离稿件的思路,立即形成自己面对具体问题的思考,并组织词语应对。迅速选择思维的走向和路径,随机应变,再跟上恰当的词语序列的组织,尤其是书面语和口语的迁移变更,一定要把好转折的关口。如:

"……参加世博会的各国场馆已经基本完工。"现在就让我们连线现场的记者××,听听他给我们带来的新情况。××你好!你那里有什么……

再次,要改变话语表达方式。播报的语流戛然而止,自如交谈的语气即刻呈现;正在谈话,需要中断,则应收住语势,迅速转入播报。双向转换的准确和迅捷,是至关重要的。交谈时还像播报,播报时还像谈话,虽然省力,却失去了转换的魅力,会使受众感到单调,产生"疲劳"。如:

"……会谈在友好的气氛中结束。"从这次会谈中,我们看到,只要具有诚意,什么问题都能找到解决的途径。我们引用《华盛顿邮报》的一条评论来进一步说明:"《华盛顿邮报》指出……"

最后,避免为变而变,应该坚持服从内容、形式的需要,运用语言功力,最恰切地、最准确地进行成功转换。这里,更加证明思维、语言、表达三者是纠结在一起的,是一个复杂的过程,不能简单从事。如:

  虽然世态炎凉,但是我们确实在朝着"以人为本"的方向奋力前行,正是:起舞弄清影,何似在人间!

转换的多种情状,从历史到现实,从文稿到话语,早就存在,例如通讯播音中,由叙述到描写,从叙述到人物的话,从抒情到叙述,从人物的话到描写……无不需要转换的手段,无不需要转换的技巧。有了转换的功夫,什么样的转换都会自如衔接,从容而自然。

无论是什么样的转换,都是创作主体驾驭话语能力的表现。"功夫在诗外",功夫在积累。

➡ 知识梳理

话语样式有四种类型:宣读式、朗诵式、讲解式和谈话式。宣读式的基本模式是:逻辑鲜明、声音爽朗、顿挫巧妙、语势稳健。朗诵式的基本模式是:气势磅礴、跌宕起伏、抑扬奔放、纵横驰骋。讲解式的基本模式是:丝丝入扣、娓娓道来、细细咀嚼、深深品味。谈话式的基本模式是:自然流畅、松弛跳脱、潇洒飘逸、灵活近切。

话语体式有四种形态:高雅庄重、平实正规、通俗灵动、消闲自在。四种形态相互补充,互相渗入,并不各自独立,更不彼此排斥。

话语样式的四大类型,结合话语体式的四种形态,就衍生为 16 个基本的话语样态。话语样态的转换要注意:首先,要改变播音状态,有松紧、高低、缓急、进退的各种调节。其次,要改变话语思维方式。再次,要改变话语表达方式。最后,避免为变而变,坚持服从内容、形式的需要。

思考题:

试述话语样式和话语体式相融合的多样性。

第十二章

语言功力

第一节　口耳之学
第二节　功底能力
第三节　勤学苦练

语言功力的八种能力：宏阔精微的观察力、融会贯通的理解力、深刻灵动的思辨力、意向整合的感受力、精妙高超的表现力、条分缕析的鉴赏力、随机应变的调检力、应付裕如的回馈力。

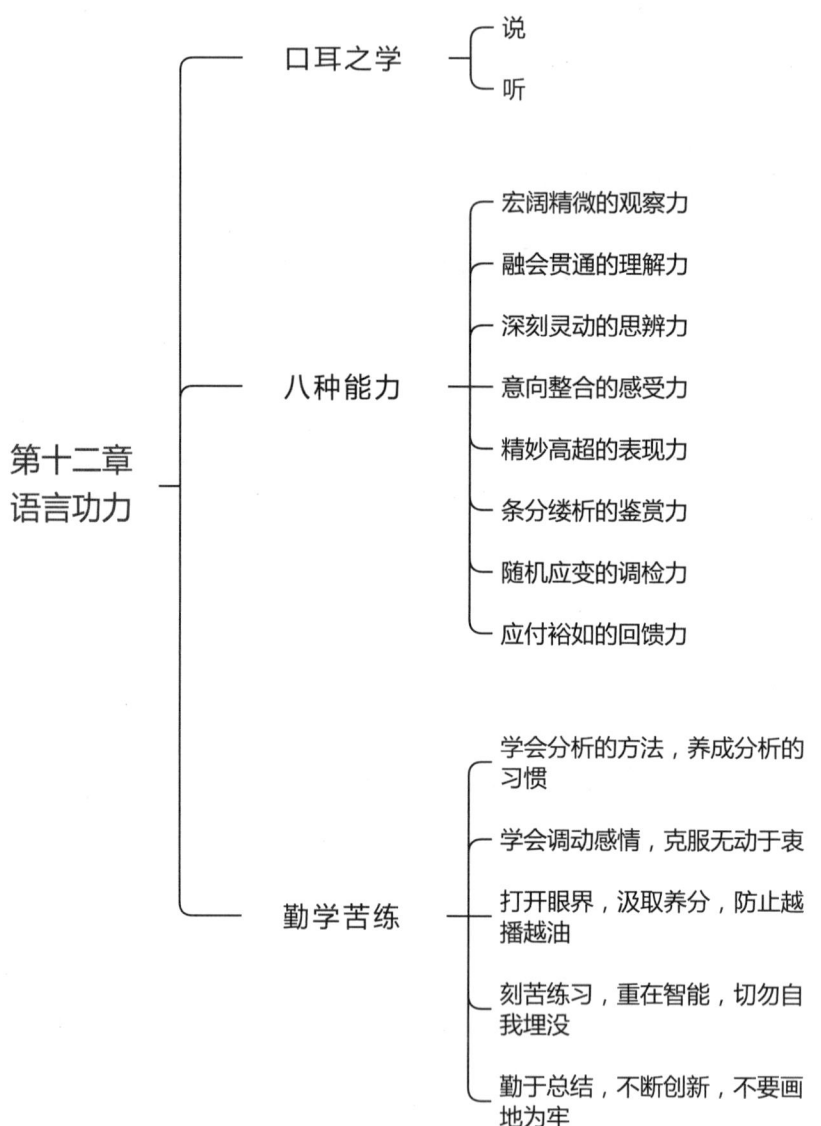

第十二章 语言功力

语言是什么？如今已经泛化了。我们这里当然指的是有声语言。

功力是什么？是说"功底"和"能力"。功底包括天赋，包括可塑性。而能力，包括潜力，包括表现力。

语言功力，不能认定为"语言的功力"，那太狭隘了。"语言功力"的蕴涵要广阔、深刻得多。

第一节 口耳之学

古人有"口耳之学，幽眇难知"的话。因为或说、或听，都如电光石火，稍纵即逝，不能存留，不可复制。当同样的话再说一遍的时候，即使是有意重复，那样态肯定跟前一遍迥然不同。为什么反对机械模仿和单纯模仿，就是这个缘故。现在，尽管有了录音、录像设备，可以全程录制，可以反复听、反复看，当然还可以反复录。即使反复录，也不可能出现全面雷同的情况。词语一样、语法一样，语气稍有差异，那语意也就变了，甚至大相径庭！"时过境迁"，"心随物转"，人们不会停留在原地不动，不会保持同样的心态不变。那"幽眇难知"的情状至今也不可捕捉。因此，"锣鼓听音，听话听声"的本领，实在是一项极为重要的功夫。

口和耳，即"说"和"听"。婴幼儿不会说话的时候，先是学着"听"，随着年龄的增长，逐渐会说了，说话的能力也就加强了。"听"与"说就在相互促进、相互补充的使用中，日益提高、日益加强。我们应该从听和说两个方面训练，须臾不可放松。

关于"听"。当我们倾听别人说话的时候，首先是"接收"，把听到的话语"听进去"。如果拒绝接收，什么话都听不进去，那就是"自闭"，无法与外界联系了。其次是"判别"，对听到的话进行分辨、评价，是好是坏，正确错误，深刻浅薄，是美是丑……都思索一番。最后是"储存"，把那些典型的话、鲜活的话，包括错话、反话，都深印在脑海里，作为资料，供以后借鉴、引用。

关于"说"。当我们说话的时候，首先是产生了说话的愿望。无论是主动还是被动,总要"发出"。发出词语,应该是"暖声",有态度和感情。其次要"深化",即把自己的理解和感受融入词语中去,给人以较强的语言刺激,比单纯的词语系列诉诸视觉,更要入脑入心。最后,要"驾驭",把话语主体所酝酿成熟的"文本"循序渐进地一一道来。在说的过程中,哪里是重点,哪里要削弱,思想感情如何运动,语气怎样把握,节奏怎样控纵,完全熟稔于胸,并且努力渗透到有声语言的各个层面,做到"驾轻就熟""游刃有余"。要注意:"说"是一种愿望、一种感觉、一种出口前的内心跃动,绝非某种固定的样式、体式、样态、腔调。话语出口以后,才会有经过选择的、与词语序列相对应的具体形态。"说"可以涵盖所有有声语言的活动,在广播电视中,应该都属于"播"的范畴,其中"说"的概念,同日常生活中的说话,并不是一回事,应该"源于生活,高于生活",完全可以进入"谈话式"的表达形态之中。

将说和听集于一身,听是为了更好地说。只有认真倾听,才可能说到点子上,说到裉节上,使听的人觉得可听、愿听、爱听、耐听。只顾说,而忽视听,或者只顾听而忽视说,必然导致听说脱节,削弱了整体感,阻塞了通畅感。

播音主持的有声语言创作,当然特别强调"说"。因此,如何听得进,听得准,说得好,说得妙,不能不十分重视语言功力的加强。

第二节 功底能力

语言功力,诚然要看天赋资质,没有声音口齿条件,缺乏感知感悟基础,那就无法深造,也就失去了从业优势。但是,能力是在功底的基础上强化的,功底会给能力以历史和社会的丰厚养分。对于有声语言的感知感悟,全然可以从一般意义上判别。如语音的改善、语流的顺畅、词语的蕴涵、篇章的风貌等,是否灵敏、充实,是否能够"触类旁通""举一反三",实在是不能掩饰、不可敷衍的。

语言功力,更强调后天的学习与锤炼。我们把语言功力中的能力部分分解为八种。

一是,宏阔精微的观察力

创作主体必须学会观察,观察世界、观察社会、观察自我。用整个身心去观察,以新闻工作者的敏感去观察。要努力发现具有新闻价值的事物,发现具有时代特征的现象,发现具有民族精神的蕴藏,发现具有创新思想的细节。还要发现自己的和他人的情感态势和情绪波澜。一切从身边做起,"眼观六路,耳听八方",捕捉有益、有用的信息,或在第一时间报道,或继续观察,留待日后使用。正如阿·托尔斯泰所说:"在艺术里,一切都取决于具有重大意义的艺术家的观察力。"有声语言创作,也应如是观。

二是,融会贯通的理解力

播音主持工作者应该"上知天文,下晓地理,三教九流,无所不通"。他们(播音员、主持人)不一定是个个行业的专家,但应该是"里手";虽不通晓,但却知晓;当涉及某个行业、专业的内容时,必须加深理解,力求成为理论和实践的"内行",明白其中要义,不说外行话。对某一行的理解,会旁涉相关行业,积累多了,便可融会贯通。因此,绝不放过任何机会,去探微寻幽。储备了很多的"前理解",做到了"视阈融合",在有声语言表达时,就可以"举重若轻""感同身受"了。其中,对遣词造句、布局谋篇的深层驱动,对有稿播音、无稿播音的杂糅转换,都能够产生根本性的推动力量。

三是,深刻灵动的思辨力

观察和理解之后,还必须进行理性追问,反复推敲,再三斟酌,从而获得思想的升华。无论是框架、观点,还是角度、方法,总揽全局、突破一点、变更视角、改善方式,就会在表达上有新意、有亮点,不落窠臼,不走老路。思辨过程要明晰,在探索中前行;思辨路径要深化,在开掘中精进。那种"浅尝辄止""急于求成"的做法,只能半途而废,劳而无功。思辨与质疑相伴,产生疑问、提出问题,不断思考、"打破砂锅问到底",才能锲而不舍、事半功倍。

四是,意象整合的感受力

感受,是创作主体生命活力的显现。它在理解思辨之后,更在理解思辨之中。边理解、边感受、边思索、边感受。在"有的放矢"的探寻中,激起"有感而发""有动于衷"的内心波澜。具体感受要切实,整体感受要开阔。感之于外,受之于心,词语序列形成于思维过程,感情运动凝聚于语气语势,避免空洞和飘忽。有没有感受力,是能否进入播音殿堂的关键;感受力强不强,是能否形成个人风格的基石。如何把逻辑感受和形象感受结合起来,共同承担有声语言创作的"赋、比、兴"诗意功能,又是一个长期蕴藉的过程,需要倾力而为。

五是,精妙高超的表现力

有声语言表达的核心是表现力。从用气发声、吐字归音,到内在语、情景再现、对象感,再到停连、重音、语气、节奏,最终显露为播音状态,并进入受众的视听审美阈限。虽然因创作主体的差异,而发生表达形态的变体,却从来都没有"出格""冒板""跑调""内敛"的情形,正是创作规律使然。初学者最忌讳"不学而能"的认识论和"听其自然"的实践观。为了提高表现力,第一步,要"刻意雕琢",不怕练习时的雕琢痕迹,宁可稍微夸张些,以获得运用技巧的内心动力,获得内心感受的表现途径;第二步,一定要"返璞归真",熟练掌握,形成习惯,"从心所欲不逾矩",意念中"技巧"消失,"内容"为王,全神贯注,把表达当作艺术享受。这样,便登堂入室,"天然去雕饰","不工者工之极也",达到运用表现力的"澄明"之境。不过,有声语言的表现力永远是"遗憾"的,任何表达都无法穷尽思想感情的复杂丰富。"大音希声",正说明了创作主体不可能做到"登峰造极""炉火纯青"。由是,这也成为有志之士毕生追求的美学理想!

六是,条分缕析的鉴赏力

表现力与鉴赏力是一对孪生姐妹,水涨船高,互相推动。表现力高,并不等同于鉴赏力强;鉴赏力强,并不等同于表现力高。但是,提高了表现力,会促使鉴赏力增强;增强了鉴赏力,会促使表现力提高。不过,表现力是重点,必须下气力、花功夫加以锤炼。这样,在创作中就可以日益精进。鉴赏力需要对鉴赏对象做深入了解,并具体分析其成败缘由,而鉴赏对象的表现力如何,恰恰是鉴赏的题中应有之义。要想明白表现力强弱,就需要真正掌握表现力的内涵与外延,光是纸上谈兵,犹如隔靴搔痒,不可能说到点子上,说到关键处。仅从受众的视角看问题,虽然可以明白受众的哪怕是紧迫的需要,却无法揭示创作实践中的甘苦及其可能的提高路径。只有创作主体提高了鉴赏力,才会从中辨别良莠、由表及里,纳入自己的积累之中,化入自己表现力的血脉。

七是,随机应变的调检力

创作主体进入创作过程之后,在话筒前、镜头前,当然要保持并坚持良好的状态。但是,由于语境的变化莫测、思绪的跳跃迁移,往往影响注意力的集中和表现力的落实,这时,急需随时检验和调整创作心理及表达心态。这种检验和调整,并非"心血来潮",也不能"敷衍了事",而要认真对待,积极应对。检验和调整的能力,来源于日常训练中的有意注意和心理定势。具有较强语言功力的播音员、主持人,一定能够"察言观色""见微知著""敏于应变""拨乱反正",时刻把准航向和进程。初学者有时"误入歧途"并不可怕,可怕的是随波逐流、不可自持。只要及时采取应急措施,"迷途知返",便能迅速回归正确道路,那经验非常可贵。

八是,应付裕如的回馈力。

回馈力,是说在创作进行时,既要集中精力传播,又要不断获得对象"反馈"的信息,如眼神、点头、掌声、微笑等,用以激发自己新鲜的创作愿望。不一定是真实的信息,更多的是主体虚拟的自我激发,如"这里最重要""此处最想听""希望慢一点""需要停一会"等。实质上,这是有声语言创作的必备条件,是信息共享的同步要素。除了自言自语、对空喊话等完全自娱自乐的语言,任何话语都是说给人听的,都是由己达人的。每一句话,每一段话,只要说出来,总会得到对方的回应。面对种种回应,话语主体就应该表示"听到了",就应该给予答复。语言交流,虽然充溢于日常生活之中,但在广播电视传播过程里,往往被忽视,不管是否"听到",是否"明白",是否"应答",是否"回馈",只是一味地说下去,认为这就完成了传播任务。这是极其错误的。因为无视话语对象的存在,就是对受众、对听者的不尊重,就是忘记了传播的责任。"对象感"中的"感觉到对象的存在和反应",是最核心的要素。驾驭有声语言进程,就是驾驭语言交流的过程,就是即时获得回馈的过程,哪怕是回馈的感觉。

语言功力的锤炼,这里,还要强调,必须牢记恩格斯的话:"非说不可。"还要记住毛泽东的话:"非下苦功不可!"

第三节 勤学苦练

播音员、主持人作为广播电视传播工作者,不能不掌握有声语言的有关理论和技巧,不能不在更大范围和更大深度上加强修养,以使自己胜任工作。从创作基础的角度讲,就是掌握和坚持播音的正确创作道路和方法,在深厚功底的基础上,努力攀登播音艺术的高峰。

有声语言,稍纵即逝,瞬息万变;新闻工作,时间性强,日新月异。因此,驾驭播音语言有其特殊的困难。然而这中间却包含着创作的愉快,经常的遗憾之后,总激发着新的创作热情,不时带来不无自豪的享受。初学者,一般是先觉其易,后觉其难,继觉其深,再觉其美的。不论苦恼时还是彷徨时,都蕴藏着掌握它的愿望。有志者,总会千方百计勤学苦练、循序渐进、持之以恒。这就要努力做到以下几点。

一是，学会分析的方法，养成分析的习惯

创作主体备稿需要分析，对自己和别人的播音也需要分析。浅尝辄止是不行的，方法不当也会得不偿失，甚至劳而无功。政治理论、时事政策、文艺作品、观摩演出……都需要精细地分析。听播音，找差距，取人之长，补己之短，坚持好的，避免错的，更需要认真分析。分析要具体，不要太笼统。分析要深入，不要走形式。经常分析，既学习、巩固了学习的方法，又培养了分析的习惯。在分析中，要注意有一定的数量，又要注意有一定的质量。然后，还要逐步缩短分析的时间。数量、质量和时间，三者要结合起来，以求达到最短时间分析较多内容，又具有一定深度。这是创作主体必须尽快学好的一项基本功。

创作主体虽不能像责任编辑那样专搞一科，但，在文字水平上不应低于编辑。因此，创作主体要提高自身能力，不能只满足于播音范围的分析，还应多动笔，写些东西，或创作，或评介，或报道，或采编，增长这方面的才干。创作主体能播不能写的状况，已经到了必须改变的时候了。

创作主体一般播别人写的稿子多，容易"人云亦云"。不愿多动脑子，不学习分析的方法，是无法弥补这个欠缺的。嗓子好，脑子懒，是不会成为合格的播音员、主持人的。

二是，学会调动感情，克服无动于衷

有人喜怒不形于色，有人喜怒形于色，那是个人的情况、生活中的情况。但是，无论形于色还是不形于色，都有喜怒的感情，这是共同的。我们播音，根本不同于有感而发的说话，一般都是先有文本，然后根据文本内容而引发和调动具体的思想感情。这样，"见文生情"的本领就是非常重要的了。

我们反对"见字生情"，但我们主张"见文生情"。因为，字是单个音节，有其孤立的一面，见字生情，属于忽略上下文的语言环境的问题。而见文生情，就是从文本的整体出发，调动符合文本精神实质的感情。见文生情的大体过程是：理解—感受—态度—感情。这是以感受为核心的过程，感情成为一种结果。因此，调动感情，必须着意抓具体感受。在着意抓具体感受时，以点带面是有效的方法。这里，必须加强生活中感受的体验与存储。在日常生活中不爱说话的人，说话不动情的人，就不利于话筒前的有动于衷。

克服无动于衷，必须从真情实感出发，有多少，就表达多少，而不应从以声挤情的矫揉造作入手。要珍惜自己的点滴感受，莫以其小而丢置不顾；这种珍惜却不是能装入口袋的,而是要珍惜引动这点滴感受的内因。在有动于衷的问题上,套用或捕捉"结果",远不如细察和品味"原因"有效。

因此,我们一定要努力锻炼自己,不仅做到有感情地想,还要做到有感情地讲。假以时日,感情的闸门将随着思维的链条启动而打开,汩汩小溪就会汇成连天波涌。

有动于衷,不同于做作,所以,它同某种"羞怯"必须一刀两断。"不好意思"有动于衷,与创作主体的表达需要是大相径庭的。

三是,打开眼界,汲取养分,防止越播越油

创作主体经常深入火热的斗争生活,才能呼吸新鲜空气,播音时才有可能充满活力。生活范围狭小,对生活的理解肤浅,心中没有我们伟大时代宏伟画卷的壮丽生动的情景,当然做不到能动地反映现实。以前的实践经验是宝贵的,但是,如果不补充、不提高、不发展,就会产生片面性和局限性,就跟不上形势的变化。新形势下的新文本,如果仅凭老看法、老体会去播,就容易千篇一律,越播越油。

一个文本,分析、播录的次数多了,越播越油,好像还不如第一遍新鲜、有感情,也是一样的道理。分析一次,播录一次,是应该有新的理解、新的感受的。停留在原来的认识上,仍然是初步的、粗浅的体会,也许在技巧上有所探索,但必然损失新鲜感,当然就要"油",甚至文本越熟,动脑越少,感情越淡,难道离"油腔滑调"还远吗?

解决的方法是有的,就是抓住这个"新"字:新的形势、新的政策、新的目的、新的角度、新的感觉、新的体会、新的志趣、新的收获……都要打开眼界,汲取养分。否则,即使倾全力钻研技巧,表达出来的仍是老体会,技巧再多而依据不足,那是没有裨益的。

埋怨文本内容平庸、形式陈旧,并不能证明创作主体的高明。高明的创作主体倒会从平庸的内容里发现新意,从陈旧的形式中看到色彩,并把它们体现在话筒前,传达到受众中。高明的创作主体独具慧眼,另辟蹊径,能够道人之所未道,使文本的表面意思深化,恰似别有洞天。这,绝不是孤陋寡闻、腹内空空所能达到的境界。

我们丝毫没有忽视掌握新技巧的意思,因为,新的技巧在表达新内容、新感受,特别是新形式时,作用是很大的。如停连关系的立体化,重音表达的多样化,节奏运用的鲜明化,语气、语势把握的个性化……在声音形式的抑扬顿挫中可以展现多么新颖的景象啊!

四是,刻苦练习,重在智能,切勿自我埋没

创作主体在话筒前播音,好像近于日常说话,却远不是日常说话的翻版。特别是在情取其高、气取其深、声取其中的结合中,囿于日常说话就会黯然失色。这不是对日常说话的背叛,而是对日常说话的升华和美化。在学习中,首先是刻苦精神的提倡与发扬。其次,要看重智能的发展。学习一个文本的表达,只会这一个,貌似学以致用,掌握的东西却少得可怜。这一篇也许播得不太满意(这往往是事实,偶然的所谓"放卫星",不一定就是遨游太空本身),却可能从中悟出了更深的道理,于是进入了智能结构。如是反复多次,便可以说,由此及彼的举一反三、触类旁通的道路是开拓出来了。这时,学习的潜力发挥出来了,学习的进程便可像由算数级数跃入几何级数那样,迅速加快了。

在这个过程中,有一个自我发现的问题,要善于发现自己的潜在力量的所在和蕴藏量。最需要注意的是,千万不要邯郸学步,千万不要湮没个性。从学习播音开始就是有个性的,强调这一点,并非主张自由化、个性化,随心所欲。只有进行有个性的学习和训练才可能发展个性特征,展己之长。

在学习和训练中,自我埋没是很可惜的。自我埋没,犹如把自己的手脚捆住,装进套子里,是会扼杀生命力的。必须把那些束缚挣脱,把那些罗网冲破,让朝气蓬勃的创作力得到解放,让自己身上的潜力充分发挥,沿着客观规律的轨迹,开足马力前进。

当然,对自我潜力的估量应该努力做到实事求是,狂妄自大和妄自菲薄都是给自我埋没创设的条件。播音表达,是属于"艺无止境"之列的。只有刻苦训练,才会获取自我发现,萌发智能的潜力。凭借一副好嗓子,一点儿小聪明,就沾沾自喜,怎能深入事物的内里并有所创造呢?自我发现的过程,是以自我的潜力去解决矛盾的过程,"学如逆水行舟,不进则退"。

五是,勤于总结,不断创新,不要画地为牢

老一代播音员、主持人积累了众多的经验,我们必须把这一宝贵财富继承下来。许多播音员、主持人正在一方面工作,一方面总结,这也是我们应该努力学习的。对于我们自己的播音实践,更要勤于总结,以便摸索出符合自己条件、有自己个性特征的表达样式,直至长期精进,形成自己的播音风格。

关于播音风格,属于播音美学的范畴,创作基础中不可能阐述过多。初学者应该树立这种雄心,准备将来形成个人的播音风格。现在就提出这个问题,不能说为时尚早。忽略甚至贬斥这个问题的提出,是一种陈腐的观点。从语言艺术的创作来说,后来居上,青出于蓝而胜于蓝,是客观发展规律。教学中,必须及早发现初学者的播音中那未来的风格的胚芽,哪怕是某些基因。什么样的原材料,经过教学机器诸工序,到最后都是一个模样的产品,这绝非"因材施教"的本义。不过,这又是教与学的关系,播音教学法的问题了。但是,这与创作基础的学习真是息息相关的啊!

创作基础,终究是基础,学习它是为了掌握它,运用它,提高播音质量,因此,创作基础与在播音中的创新、在学习上的进一步探索并不抵牾。

有人说,初学者想创新,就像不会走路的儿童想跑似的,不切实际。这个看法无异于画地为牢。不许初学者越雷池一步,当然是不对的。有人批评初学者不会走就想跑,他们看到了走是跑的基础,是对的。但初学者跑一下,更可以体会掌握身体平衡的重要,对走不是有好处吗?初学者思维活跃,最少保守,怎么不会给播音带来一点儿生活气息呢?甚至带来一点儿新颖的表达,也是可能的。现在,初学者有一种糊涂认识,认为一到话筒前播音,就得"像播音"。没有具体分析这"像播音"的利弊,一味追求固定腔调,以为这是学习播音的"真谛",岂不是歧路?

我们说,老播音员、主持人积数十年之经验,摸索到了不少有播音特点的东西。"播音腔"里就包含着这方面的可贵成果。可是,由于急稿、直播等实际情况,也给"播音腔"加入了一些固定格式的东西,即所谓"保险调"。对此,初学者当然不能生吞活剥,生搬硬套。许多老播音员一般由于坚持了播音的正确创作道路,"播音腔"里融合着某些个性特征、某些个人习惯的表达方式,所以有其特殊性和必然性。初学者仅求其皮毛,就极易形成"千篇一律""千人一面""千人一腔"的毛病。追求某些固定腔调,正是初学者止于形似的表现。初学者怎么有所作为?要创新,要自觉地克服固定腔调。

另外,模仿问题也是不能不澄清的。诚然,模仿是许多艺术借以流传的手段之一。播音表达的学习中,回避它,排斥它,不一定妥当。模仿中,如果是死的、机械的、表面的,如从声音音色、句式处理等单纯模仿,就会走入死胡同,即齐白石所谓"学我者生,似我者死"。但,模仿中也可以是活的、灵动的、深入的,如从情声变化、语势推进等自觉模仿,就能开拓心境,增益其所不能,正是古人说的"不取亦取,虽师勿师",其中,有"我"在,有创造因素在。模仿,不失为学习播音的一个有效方法,但它终究不是创造本身。创造,要求脱颖而出,模仿就显得单薄微弱了。

初学者要时刻警惕的是,不能单纯模仿。一心改变自己的声音条件和习惯,不顾文本的内容和形式,把固定腔调用到千变万化的播音中,良莠不分,连缺点也看成特点,是不能进入创造的,是一种学习上的懦夫和懒汉思想。

在这里,我们反对不同播音风格的抑此扬彼。我们是播音员、主持人,不是普通受众。以个人的好恶待之,或则双手捧上天,或则一脚踩在地,都不是郑重的学习态度,不利于博采众长,不利于百花齐放。虽然不排斥师其一尊,却一定要提倡兼收并蓄。

知识梳理

口和耳,即"说"和"听"。听是为了更好地说。只有认真倾听,才可能说到点子上,使听的人觉得可听、愿听、爱听、耐听。

语言功力的八种能力:宏阔精微的观察力、融会贯通的理解力、深刻灵动的思辨力、意向整合的感受力、精妙高超的表现力、条分缕析的鉴赏力、随机应变的调检力、应付裕如的回馈力。

播音员、主持人要勤学苦练,做到以下几点:一是,学会分析的方法,养成分析的习惯;二是,学会调动感情,克服无动于衷;三是,打开眼界,汲取养分,防止越播越油;四是,刻苦练习,重在智能,切勿自我埋没;五是,勤于总结,不断创新,不要画地为牢。

思考题:

说明语言功力的八种能力。

结束语

播音创作基础的主要内容，概如上述。我们只是初步描画了一个基本轮廓，有很多问题，或未涉及，或很粗糙，或不成熟，或欠妥帖，这正是今后要进一步探讨的。

我们应该有一部《中国播音学》，它包括：播音发声学、播音创作基础、播音文体业务、播音心理学、播音美学和播音教学法。在附录中，包括一套练习材料，包括一套录音唱片。完成这个任务，既非一日之功，也非一人之力。我们这本《播音创作基础》，应该成为《中国播音学》的一个组成部分。因此，从科学性、理论性、系统性、完整性上提出要求，进一步修改、丰富它，是理所当然的。

中国的播音，理应有中国的特点，任何国外的先进的东西，只有化它为我，为我所用，才有真正的价值。播音，和整个广播电视事业一样，要学会"自己走路"。

让我们听听老舍先生的话吧：

"我非常爱听我们中央(人民)广播电台每晚的《全国各地联播节目》，在这个广播节目里，说的都是国家和国际的大事。正因为是大事，所以必须使人人能够听懂，不能'之乎者也'地背诵古文。同时，它既须字斟句酌，语语明确，还要铿锵悦耳，引人入胜。这就是说，广播的是话，可也是很好的散文。"(《小花朵集》)这段话，除了对广播的褒奖，还是对中国广播特点的阐述。在广播的这个特点中，对编辑、对播音的要求都有。这难道不是中国广播的佳境吗？时间流逝，要求犹在，是摒弃它另寻别境,还是坚持它更上层楼?我们认为,坚持中国播音特点,才是播音创作基础的立足点或基点。在这个立足点或基点上发展我们的播音理论,才会入之愈深、见之愈新。

让我们的播音和播音理论在无产阶级党性原则的指导下,立足中国大地,百花竞放,硕果累累,呈现出多种多样的风格,使广播电视宣传发挥更大作用,使播音艺术日臻完美吧!

修订补言

本书的修订,是在北京市教委对"国家级教学名师"的资助、并作为"北京市精品教材"立项之后,才开始进行的。这是北京市教委的热情关怀和大力支持的结果,是你们的信任和期望给了我巨大的力量!首先我要向北京市教委表示衷心的感谢和崇高的敬意!

本书的修订,完全根据资助立项的要求,努力达到资助立项的目的,使本书在原有的基础上,增扩内容,丰富论据,突出重点,走向前沿,既保持了原创的精髓,又坚守了教材的品位。尽管社会的发展、时代的进步,广播电视日益繁荣,广大学子视野开阔,教师队伍迅速壮大,教学质量不断提高,我们的理论建设总是显得滞后,但是,众多教师还是勤勤恳恳、筚路蓝缕,夜以继日地钻研、积累,力求撰写出创新教材,近年来取得了累累硕果。我也希望跟上大家的脚步,"衣带渐宽终不悔",这是本书修订的动力和源泉!

播音主持艺术专业如雨后春笋、千帆竞发,通过播音实践、教学实践,经验正在升华,功力正在积淀。道路是曲折的,前途是光明的,规律是不可违反的。不管有多少艰难险阻,我们只要忠心耿耿、众志成城,一定会不负众望,勇敢地承担起民族的嘱托、历史的使命!

深望得到批评指正。

中国传媒大学　张颂
2010 年 10 月 30 日于"三书屋"

图书在版编目(CIP)数据

播音创作基础 / 张颂著. -- 4版. -- 北京：中国传媒大学出版社，2022.4（2025.6重印）
（张颂文集）
ISBN 978-7-5657-3119-8

Ⅰ.①播… Ⅱ.①张… Ⅲ.①播音—工作—基本知识 Ⅳ.①G222.2

中国版本图书馆CIP数据核字(2021)第274297号

播音创作基础（第四版）
BOYIN CHUANGZUO JICHU(DI-SI BAN)

著　　者	张　颂
策划编辑	赵　欣
责任编辑	赵　欣
封面设计	拓美设计
责任印制	李志鹏
出版发行	中国传媒大学出版社
社　　址	北京市朝阳区定福庄东街1号　　邮　编　100024
电　　话	86-10-65450528　65450532　　传　真　65779405
网　　址	http://cucp.cuc.edu.cn
经　　销	全国新华书店
印　　刷	北京中科印刷有限公司
开　　本	787mm×1092mm　1/16
印　　张	13
字　　数	269千字
版　　次	2022年4月第4版
印　　次	2025年6月第4次印刷
书　　号	ISBN 978-7-5657-3119-8　　定　价　48.00元

本社法律顾问：北京嘉润律师事务所　郭建平